I0410527

"USA"
"Sociedad Temerosa"
¡Los Libertadores!

Por

Miguel Rodolfo Sosa Ravelo

authorHOUSE™

1663 LIBERTY DRIVE, SUITE 200
BLOOMINGTON, INDIANA 47403
(800) 839-8640
WWW.AUTHORHOUSE.COM

CONTENIDO

Anda libro mío, ve y cumple con tu deber; así como cada hombre en esta vida, viene a la tierra y cumple con su destino.

"A NUESTROS HEROES"

A la memoria de los inmortales, que provocaron la definitiva libertad de ésta nación:

Abraham Lincoln, John F. Kennedy, Martin Luther King, Malcolm X, Cesar Chávez, Robert Kennedy.

"INTRODUCCION"

Las verdades y criterios plasmados en estas páginas, llevan un mensaje de aliento y conocimiento, dirigido a dos razas maltratadas y vejadas por hechos y acciones nefastos para la historia de esta gran nación; pero gracias a la existencia de grandes hombres de nuestro pasado, los derechos y dignidades que les asistían a los Negros y Latinos, fueron conquistados justamente.

La misión de éste libro es grabar en la conciencia popular el concepto de libertad perpetua, para que no se repitan esos hechos, y de esa manera puedan ser transmitidos estos mensajes a nuestras generaciones venideras.

El 4 de julio de 1776, un grupo de valerosos patriotas, unieron todos sus esfuerzos y finalmente después de muchísimos planes e inconvenientes, declararon solemnemente la independencia y formación de esta gran nación, que inicialmente con 13 estados viniera a convertirse posteriormente en el gran coloso del norte. Lo que nunca imaginaron los fundadores de este país en el momento de su realización fueron los problemas graves que vendrían y continuarían aun después de la independencia, creándose una serie de medidas y procedimientos obedientes a instituciones que en nombre de la libertad iban a continuar con mayor organización que en el pasado, propiciando la esclavitud y discriminación desmedida en contra de una raza, a la que trataron miserablemente y por muchos años, como animales irracionales. Cabe señalar muy acentuadamente que los racistas prepotentes y esclavistas, estuvieron organizados desde estos lejanos tiempos, durante los cuales tuvieron pleno poder en todos los aspectos, decisiones políticas y sociales de esta nación, por lo que mantuvieron su hegemonía total, amparados en un supuesto sistema democrático, pero que actuaba para con la clase desposeída, en peores circunstancias que en la época feudal.

La evolución es una constante en el universo, y nosotros somos parte de éste. Desde muchos años atrás venía en este país aplicándose la esclavitud, y aunque la declaración de independencia fue la chispa que dio inicio, a un proceso que dilato muchas décadas para concienciar varias generaciones y al fin llevar a cabo la incrementación de los cimientos de libertad en los esclavos, quienes vienen a sublevarse casi un siglo después, unidos por el llamado de un gran patriota a la guerra civil de 1860; momento histórico en que realmente se inicia la primera etapa libertaria de la raza afro americana. Comenzando así una larga lucha por lograr los derechos humanos y civiles que deben y tienen que existir en toda sociedad.

"ABRAHAM LINCOLN":
El mas grande de los Libertadores y martires.

PRIMERA ETAPA
LIBERTARIA

Cuando el ilustre patriota norteamericano Abraham Lincoln participó como dirigente de la guerra civil y abolicionista de 1860, defendiendo honorablemente los derechos de una raza, que por años había sido humillada, ultrajada, miles y miles de veces, por los eternos y poderosos esclavistas, quienes mantenían una errónea idea a consecuencia del poder adquirido por años; de que este país era de su patrimonio personal, incluyendo todos los habitantes que no fuesen de su color o tuviesen las descendencias consanguíneas con abolengos de nobleza que falsamente creían tener, y no de aventureros como realmente en sus inicios fueron; las condiciones de vida que existían en esos momentos, tenebrosos y oscuros para nuestra historia eran totalmente infrahumanas y desastrosas. Por suerte aparece como ángel libertador este grande hombre, que inicia la misión histórica de carácter universal mas sobresaliente que ha llevado a cabo un mortal en nuestro continente, y de esa forma comienza una revolución social indetenible, que da al traste con los cambios de toda la vida de nuestro país y que posteriormente se refleja en los países vecinos del continente americano. Por suerte éste gran hombre llevo a cabo el triunfo de las fuerzas federales del gobierno sobre los confederados del sur. A pesar del éxito obtenido, en sus inicios se llego a creer que con esta victoria se había logrado que los derechos de los oprimidos y discriminados iban a ser aplicados a partir de esa fecha, pero lamentablemente no fue así y por el contrario las fuerzas negativas de la nación, reaccionaron con mas arrogancia y prepotencia que nunca, aun después de haber recibido su primera derrota, iniciando de inmediato la primera conspiración histórica en contra de los derechos humanos y civiles que se ha llevado a cabo en esta nación, organizando un movimiento que daría al traste con la vida y eliminación física del dirigente y líder principal, que había llevado a cabo durante la guerra civil de este país, en la cual había obtenido un éxito rotundo en pos de la libertad de la raza oprimida.

En 1865 después de finalizada la guerra civil y estando en el poder, un fanático esclavista lleva a la realidad la conjura de los extremistas, asesinando de un disparo en la cabeza por la espalda al héroe mas grande que ha tenido esta nación, desde su fundación. Cabe señalar que ha partir de esa fecha, las organizaciones conservadoras se unieron para incrementar con mas fuerza y enjundia que nunca la esclavitud, intentando por todos los medios a su alcance, mantener su sistema de poder, en el cual habían vivido desde muchas generaciones anteriores; ó sea que aparentemente con este golpe, el movimiento que inició gloriosamente Abraham Lincoln, comenzaba a retroceder y por ende los conspiradores volvían a su sistema de esclavitud, como si nada hubiese pasado.

Aquí aparece por vez primera en la historia de este país, lo que yo llamo ¡EL PODER OCULTO! que tratara por todos los medios de atemorizar nuestra sociedad, hasta nuestros días, del cual hablaré mas adelante en el transcurso y desarrollo de esta obra.

A pesar de toda la sangre derramada, unido al grandioso sacrificio de Lincoln, por lograr una verdadera victoria, esto no fue posible en ese momento, pues al cegar la vida de éste patriota en forma abrupta e inesperada, todo el proceso que éste tenía proyectado llevar a cabo, se detuvo con su muerte, y lógicamente los eternos esclavistas reiniciaron su viejo sistema de opresión, sintiéndose motivados y estimulados para volver a amordazar a su antojo a la raza que ellos siempre consideraron inferior; manteniendo así el poder absoluto y casi totalitario hasta la aparición en la vida pública de este país de John F. Kennedy.

¡ El Mas grande!
siglo xx

SEGUNDA Y DEFINITIVA LIBERTAD DE LAS RAZAS.

Descendiente de una familia honorable de origen irlandés, éste personaje histórico comienza a destacarse desde muy joven con su participación en la segunda guerra mundial en donde es herido en una lancha torpedera que comandaba en una misión en el pacifico y salva la vida milagrosa-mente. Su hermano mayor perdió la vida durante una misión aérea en cumplimiento de su deber, en defensa también de este país; o sea que esta familia viene dando demostraciones patrióticas desde mucho antes de que éste se destacase históricamente como estadista.

Luego de terminada la guerra, regresa a su tierra natal a continuar sus estudios universitarios y a partir de ahí se inicia su vida política en donde comienza a destacarse dentro de las filas del partido demócrata, como un gran tribuno, adquiriendo un carisma extraordinario, participando en la convención del partido para las elecciones del año 1960, las que gana de una manera arrolladora, convirtiéndose así en el presidente mas joven en la historia de esta nación.

En el año 1958, tuve el privilegio de conocer esta gran nación, pues vine con mis padres a ver un tío, hermano de mi madre que no conocía, por casualidad me toco venir a Miami, ciudad ubicada en el sur de este país.

En este momento trascendental de mi vida que a penas tenía 14 años, comienzo a notar como se les trataba a los negros en esa fecha.

Para mayor interrogante en mi joven mentalidad, hicimos un viaje desde Miami a New York, en la línea de autobuses Greyhound; durante el trayecto note que los negros eran sentados en la parte trasera del autobús; en principio pensé en coincidencias, pero tanto me llamo la atención que empecé a preguntar a mi padre, sobre todo las cosas tan notorias que llamaron a mi asombro; fueron las divisiones que observé con paredes en algunos comedores restaurantes que estaban instalados en la carretera, en donde se hacia saber con un letrero; restaurante de blancos y de negros, sobre todo esto lo note en los estados del sur. De manera que a simple vista se notaba la influencia discriminatoria que todavía en esa época, aun reciente se ejercía sobre los negros en esta parte geográfica del país. Los estados a que me refiero y que específicamente palpé en persona fueron Florida, Georgia y Carolina del Sur. En la ciudad de Miami observe con mucho asombro que estos vivían prácticamente separados, cerca de barrios como lo que es hoy Coconut Grove.

La Libertad de los negros se inicia con la guerra civil de 1860, pero ésta no llega a sentirse verdaderamente en los estados del sur, hasta el ascenso al poder de John F. Kennedy; de manera que transcurrieron exactamente 100 años de poder excesivo, de discriminación, de esclavitud, sin que nadie pudiera llevar a cabo ningún intento de rebeldía, y todo grito de libertad de esa raza era amordazado y apagado como toda pequeña llama que intentaba crecer. Debo de aclarar enfáticamente que durante ese largo periodo de oscuridad se cometieron los abusos y desastres mas abominables en esta sociedad, además se vivió bajo un manto de hipocresía y una doble vida en apariencia, ya que en el norte era una cosa y en el sur otra muy diferente.

El solo hecho de tener en tu piel el color oscuro te eximía de todos los derechos razonables y elementales de un ser humano. Tú no podías ir a la universidad, tú no podías asistir a ningún centro social, el negro no tenía derecho al voto, si un blanco se enamoraba de tu mujer, éste tenía derechos de poseerla y luego mandarla a eliminar, y si tú reclamabas por dignidad la violación cometida, tú te jugabas la misma suerte. La esclavitud y el racismo fueron tan difíciles de desprender de esta sociedad y fue tan grande el poder y la hegemonía adquirida por los intocables de una raza privilegiada que aun en los años 40 del siglo XX, ningún negro podía llegar a las grandes ligas por el solo hecho del color de su piel.

Tan pronto se inicia la labor democrática de Kennedy, como gobernante y se comienzan a sentir los efectos visuales, de esta segunda etapa libertadora y revolucionaria en la nación; como por ejemplo dándole participación a varios funcionarios negros dentro de su gobierno; se enciende la chispa del detonante de la conspiración de inmediato; esto le llamó mucho la atención a la ultra derecha, que instantáneamente reaccionó. Los dirigentes principales del kkk y Wall Street, se reúnen, para organizarse en contra del reinicio de esta nueva revolución abolicionista. El nuevo gobierno fue visto de inmediato como el gran enemigo del viejo sistema que imperaba y a quien debían eliminar lo antes posible, pues éste era un sinónimo de destrucción de todos sus intereses y poderes desmedidos; de manera que estas dos instituciones, adjuntas a una descastada especie degenerada denominada "Red Necks", recalcitrantes y negativos, decidieron actuar de inmediato en contra del nuevo gobierno de libertades del partido demócrata de la década de los años 60.

Con el aparente exterminio de la segunda era esclavista, ó sea, con el inicio del gobierno de Kennedy y el apoyo de éste a los derechos civiles, comenzaron a sentirse de inmediato sus efectos y por ende empiezan a sobresalir los primeros destacados de la raza oprimida; tanto en el deporte, la TV, y el aspecto intelectual, se dieron a notar de inmediato; lógicamente esto empezó a molestarle grandemente a la casta dominante, acostumbrada desde siglos anteriores hacer a su antojo lo que les viniera en ganas.

¡Toda idea nueva, en cualquier sistema social y político tiene reacciones violentas, pues resulta chocante y contradictorio a los viejos reglamentos y costumbres que ya no tienen vigencia! De manera que al surgir un régimen que de inmediato inicia la protección de una raza desposeída y humillada por largos años, automáticamente éste fue visto por la clase dominante como el peor enemigo del sistema imperante en esos momentos y por lo tanto la parte agredida por el nuevo régimen, no pudo soportar su desplazamiento desde del poder al considerar que también iban a ser desposeídos de sus intereses y bienes.

La conspiración comenzó a crecer en forma agigantada, de tal manera que los organizadores de Wall Street, unidos a la clase ultra conservadora de la derecha, representados por el kkk, se unieron mas que nunca para dar el golpe y de esta manera volver aplicar y practicar sus antiguas formas y sistemas esclavistas de antaño. Pensaron que con la muerte de éste gran líder, toda semilla de libertad iba a ser erradicada y su viejo sistema volvería a tener vigencia. Cabe señalar que los eternos conspiradores programaron este crimen de una manera precipitada; querían evitar por todos los medios, que ese gobierno se mantuviese más tiempo en el poder, porque sabían que éste si terminaba su período de cuatro años, con todas las medidas positivas que estaba realizando en favor de las clases populares y los derechos civiles que ya exigía toda la nación; éste sería invencible en las siguientes consultas electorales, por lo tanto Jun Kennedy gobernaría seguramente ocho años el país; cosa esta que la ultra derecha vio como su derrumbe total, de poder e intereses.

Contrariamente a lo que suponía la clase dominante, de que con la desaparición de éste líder, todo volvería a canalizarse bajo los viejos reglamentos; paradójicamente las fuerzas positivas y populares de la nación, se mostraron indomables e incentivadas por este movimiento que les daba de una vez por todas las oportunidades nunca alcanzadas hasta ese momento.

Con la muerte de éste gran patriota, el país se envolvió en una serie de convulsiones y protestas, de las cuales en sus inicios se llego a pensar que caeríamos en un estado de anarquía. Para desgracia de los poderosos racistas, los movimientos que originalmente se iniciaron en 1860, con la guerra civil libertadora de Lincoln, y continuada en su segunda etapa por Kennedy; nuestros gloriosos e inmortales dirigentes nos enseñaron, que aunque en ciertas ocasiones de nuestras vidas, nos viésemos obligados por dignidad a ir a la guerra en la conquista de derechos y libertades no correspondidas; jamás debíamos dejarnos arrastrar por la pasión y mucho menos por la venganza. Por lo tanto y llamados por el amor a la patria, debíamos mantener con mucho valor la ecuanimidad y jamás caer en un estado de anarquía, pues esta le haría siempre mucho daño a nuestra nación, cosa que buscaban desesperadamente los conspiradores impenitentes y nefastos antipatriotas de siempre.

Hago un llamado muy particular a través de este libro, con relación a los deberes que tenemos las masas desposeídas, que aun permanecemos discriminados en este país; que específicamente fueron liberadas por los movimientos dirigidos por estos dos grandes hombres; se trata de el conocimiento que debemos tener acerca de sus vidas, pues creo lógicamente que al saber y estar mas claros sobre ellos, profundizándonos en el contenido y las razones que tuvieron para originar estos movimientos, nos llevaría a todos a ser más patriotas y tendríamos así más fuerza, razón y motivo para conservar nuestra libertad.

Los hombres que lucharon y brindaron sus vidas en aras del bienestar, independencia y cultura de nuestras dos razas, merecen ser honrados por nosotros y por todos nuestros descendientes; negros y latinos. Yo no se si las otras etnias van a honrar a estos titanes de la historia; ahora bien a las nuestras; éste libro cumple con el deber de exigir esa humilde contribución, de mantener ese homenaje perpetuo a estos grandes colosos; que también fueron secundados por patriotas como Martín Luther King, Robert Kennedy, Malcom X, Cesar Chávez; los cuales deberán eternamente vivir en la conciencia popular de esta nación.

En lo que se conoce a través de la historia de la humanidad y la existencia del hombre, a ningún ser que haya vivido en la tierra le ha gustado la esclavitud. El hombre como rey del universo siempre ha luchado por su libertad y las veces que ha perdido ésta, también ha perdido la mitad de su espíritu. Todo aquel que falsamente crea que puede esclavizar a seres vivos, pues hasta los animales irracionales aman su independencia, tiene que tener en cuenta que el esclavizado va a conspirar contra él mientras tenga un hálito de vida, que el oprimido ha de luchar por su emancipación durante toda su existencia, a menos que se haya degenerado; porque el hombre al igual que los pájaros nace y muere libre. La naturaleza que nos rodea, el espacio que es infinito, el inmenso mar indómito con sus olas interminables y todos estos monumentos naturales que conocemos, nos llevan al convencimiento lógico de que la libertad no puede dejar de existir, mientras permanezcan perdurables todas las maravillas antes mencionadas que nos ha brindado Dios. El racismo y la discriminación, van de la mano con la esclavitud; de manera que los degenerados que propugnan todavía en el siglo XXI estos flagelos para la humanidad, no merecen vivir ni en esta época y mucho menos en esta nación. ¡Tenemos que erradicar esta plaga maldita!

La esclavitud fue creada en éste mundo por seres malvados; lamentablemente existen sobre éste planeta animales racionales que todavía aspiran estérilmente en ser señores adorados y ensalzados por siervos dóciles humillados, pero desde Espartacos, quien fuera el primer esclavo que se liberó, jamás nadie ha podido dominar a sus semejantes fácilmente. La libertad es un don divino que nos lega Dios; por tanto, nada ni nadie tiene, ni tendrá potestad, ni intenciones siquiera, de desposeernos de ella, pues esta es parte integral de nuestras vidas. ¡Malamente se vende la libertad, aunque se pague por ella todo el oro del mundo!; esta es una máxima filosófica que se viene aplicando e inculcando en la conciencia humana por largos siglos sobre la tierra, que nosotros debemos y tenemos que mantener presentes en nuestras mentes constantemente; la que debemos inculcar a nuestros hijos, para que ésta permanezca imperecedera, como una antorcha que estará encendida mientras exista la fase humana.

A medida que vayamos avanzando en el desarrollo de esta pequeña obra, trataremos por todos los medios a nuestro alcance, de ir narrando los hechos ocurridos con la mayor claridad posible, y concomitantemente, iremos emitiendo nuestros conceptos imparciales, con relación a todos los acontecimientos y hombres públicos que participaron en ellos, y así de manera equitativa llevarles un mensaje de luz y claridad, para que el pueblo unido a la posteridad, sean los encargados de juzgar a estos con la vara de la historia.

La misión de esta obra es llevar un mensaje sincero y honesto con el propósito fundamental de que las generaciones actuales y futuras conozcan la verdad de la historia parcial de este gran país, y además sepan quienes han sido los eternos traidores de esta nación y quienes han sido sus grandes hombres, que como Kennedy, les han amado con todo su corazón.

Durante la corta estadía de este gran patriota en la casa blanca, sucedieron hechos que irritaban a la ultra derecha. Se creo la Alianza para el Progreso, que fue creada con la idea de favorecer a los países vecinos de América latina, y una serie de medidas como el antirracismo y la protección de los derechos civiles, destacándose en esta época la figura carismática de Martín Luther King. Todo esto molestaba al viejo sistema que veía como se tambaleaba su mandato. ¡El poder corrompe, engendra insensatez y mengua la capacidad de pensar!, sobre todo cuando este es excesivo.

El ascenso al poder de Kennedy, fue un golpe que sintió la derecha y ésta lo recibió con sorpresa, pues llego de repente al sistema; fue un cambio de la noche a la mañana; o sea la entrega del poder dirigido por un militar guerrero y héroe de esta nación, David Eisenhower, que representaba la casta dominante; a un demócrata liberal. Importante hacer un señalamiento significativo, y esto va sobre todo dirigido al conocimiento de las futuras generaciones; de que los acontecimientos ocurridos en esta sociedad a partir del triunfo arrollador del partido demócrata en el 1960, no llevaban como objetivo arrebatar el poder a los eternos dominantes de la época, que por siglos habían mantenido su hegemonía y predominio; sino mas bien este movimiento tuvo como meta principal la reconquista imprescindible de los derechos inalienables que les asisten al ser humano y de los cuales injustamente, habíamos sido despojados una vez mas, después del triunfo de la guerra civil dirigida por "Abraham Lincoln" en 1860. Que los acontecimientos históricos que sucedieron a partir del inicio de esa década fueron reclamos y derechos lógicos que nos pertenecían y que por naturaleza teníamos el deber de exigir; por tanto la historia nos legó lo que justamente era parte integral de nuestra existencia. ¡La libertad definitiva!

UN FATAL 22 DE NOVIEMBRE

Tan pronto se muestran los primeros indicios de cambio, los señores acostumbrados al poder, reaccionaron con su conspiración; cabe señalar que se apresuraron a consecuencia del pánico colectivo de su casta, al imaginar por instantes que les sucedería a ellos en caso de que Kennedy ganara una reelección; cosa que era cien por ciento segura. Si la figura carismática de éste patriota revolucionario ganaba un segundo período, los objetivos definitivos de ese movimiento se hubiesen alcanzado con 15 o 20 años de antelación. Sus principios se hubieran profundizado con raíces de mayor fortaleza en la conciencia nacional, a pesar de que de todas formas y en medio de todas las vicisitudes, su movimiento fue desde sus inicios, es y será indetenible.

Había que detener a toda costa la estadía de éste hombre en la casa blanca y de la única forma que se podía impedir la prolongación de éste en la dirección del gobierno era a través de la eliminación física de quien ellos consideraron desde un principio su mas temible enemigo; creyeron falsamente que con cristalizar este hecho, iban de esta manera a detener la fuerza arrolladora incrementada por el movimiento, dentro de las masas desposeídas. ¡La libertad es dulce y los pueblos se casan con ella, luego de saborearla y convivir con ésta, no se divorcian jamás!

Los que mataron al presidente más interesante y noble que existió en este país durante el Siglo XX, algún día tendrán que pagar su traición y felonía. Esta es la fecha a los 40 años de su asesinato en que   la impunidad ha cubierto con un manto de hipocresía a los verdaderos culpables, y a medida en que pasa el tiempo este acontecimiento se mantiene envuelto en un misterio sin fin, que cada día tiene menos explicación lógica, de acuerdo al criterio de aquellos que mantienen el interés de que este pueblo crea la farsa histórica que ellos mismos inventaron, para tratar de dormir a esta sociedad con un cuento infantil.

¡Todavía en la actualidad, se mantiene vigente el mismo poder oculto, del cual hablamos ya en el caso de Lincoln; que ningún medio de comunicación de poder económico, en nuestro país, ha sido capaz de denunciar públicamente ante el pueblo; la relación que existe entre todos estos crímenes históricos que se han cometido y que seguirán sucediendo en ésta nación!. ¡Mientras no se elimine ese enemigo común de poderes ilimitados, que continúa actuando sin ninguna misericordia, amparado por la sombra de la inmunidad que le proporciona el poder, no habremos adquirido la plena libertad y la tranquilidad social! Nadie, absolutamente nadie ha tenido el suficiente coraje de desenmascarar a estas organizaciones, que siguen actuando libérrima mente, y que como cáncer incurable infestan miserablemente a esta sociedad, a la cual intentan atemorizar. ¡Este libro ha de decir la verdad desnuda, de todos los acontecimientos ocurridos en este país, con toda su claridad, aunque en la actualidad todavía, existan poderes que intenten disfrazar estos hechos, con la intención de que se mantengan encubiertos, bajo el amparo impune de la iniquidad! No importan las consecuencias que vengan después de su publicación, ni tampoco quien caiga, aunque el primero en desparecer, sea el autor de esta obra. Estoy consciente de lo que pueda pasarme, pero creo que es mi deber, sentar un precedente histórico, en defensa de los máximos intereses y derechos de las masas desposeídas.

Oswald, quien fue el chivo expiatorio acusado de ser el autor material, en caso de haber disparado, éste no pudo haber sido el único participante en el hecho, pues aunque Kennedy recibió un solo impacto, de acuerdo a declaraciones de testigos que estuvieron presentes, el día de esta desgracia nacional, estos dicen haber escuchado varios disparos, procedentes de diferentes ángulos. Por otra parte la ejecución del supuesto criminal delante de los agentes federales, llevada a cabo de una forma tan extraña, como si fuera firmando una película de policías y bandidos, deja mucho que desear; por lo menos una explicación lógica. Jack Ruby, él hombre que asesino a Oswald, a manera de película fantástica, muere al corto tiempo, de un tumor canceroso en el cerebro, mientras permanecía en prisión preventiva para ser juzgado; de manera, que de esta simple forma elemental, se cierra el caso y queda todo en silencio sin mas explicaciones al país. Así una vez más, el poder oculto cubre de absoluta impunidad, encubriendo a los verdaderos autores intelectuales de este horrendo e imperdonable asesinato, y a más de 40 años de este hecho, se mantienen en las sombras los protagonistas y eternos enemigos de esta nación.

Los detalles que muestran las autoridades e investigadores sobre la realidad de los hechos están plagados de contradicciones y ambigüedades que nos llevan a la duda. Los encargados de la seguridad del presidente estuvieron tomando bebidas alcohólicas hasta las cinco de la mañana, la noche antes del asesinato; la ventana desde donde supuestamente se le disparó de un cuarto piso, estuvo abierta y a nadie de la custodia del presidente, le llamo la atención. Todas estas explicaciones antagónicas, durante tantos años, que no llegan a ninguna definición específica y clara, nos llevan a concluir que este horrendo asesinato histórico, fue tramado y llevado a cabo, por una ultra derecha, con poderes económicos y políticos, que tienen y ejercen en esta nación actualmente; amparados por una impunidad monstruosa.

Si observamos una moneda de cincuenta centavos, a la cual el pueblo la denomina con el nombre de Kennedy, a consecuencia de que tiene la efigie en uno de los lados del rostro de nuestro héroe y mártir; en ella podemos notar, si la observas con una lente de aumento, que tiene grabado en el cuello una "Hoz y un Martillo", el cual es el símbolo de la bandera Rusa. ¿Quien elaboró esta idea diabólica?, queriendo significar y acusar a nuestro guía y líder de comunista y traidor a este país; eso no fue idea mía, ni suya distinguido lector; esto fue idea solamente de las organizaciones que conspiraron, tramaron y ejecutaron con todo el poder del mundo, un asesinato vil, el cual tendrán que pagar algún día con creces. ¡Su desdichada y temible traición!

A pesar de todas las contradicciones lógicas que fueron creadas para mantener en la impunidad a toda costa este magnicidio, y que fueron concebidas por las diferentes organizaciones esclavistas y racistas, que todavía en los días actuales dan muestras palpables de que quedan residuos y remanentes vigentes en nuestra sociedad. Veo con optimismo a consecuencia del florecimiento y convicción de la libertad de las razas oprimidas, que se incrementó de una manera definitiva en nuestro pueblo con el inicio del movimiento revolucionario que dirigió prestigiosamente John Kennedy, de que algún día serán desenmascarados los traidores de este país, que fueron y son en consecuencia los eternos enemigos que tenemos que erradicar y eliminar de manera definitiva, para de una vez por todas lograr la paz y tranquilidad de nuestras familias.

A la muerte de Kennedy y por disposición constitucional; Wall Street, se siente extremadamente satisfecha con la herencia en el poder de uno de los suyos, uno de los principales conspiradores y traidores de la revolución de Kennedy, se trataba nada mas y nada menos que de Lyndon B. Johnson. Con el ascenso al poder de éste traidor, vuelven a sus andanzas los eternos esclavistas, conspiradores y racistas de este país; se inicia de nuevo la discriminación y continúa la conspiración para seguir eliminando a todo líder que pudiera significar un grito de libertad.

Para esta fecha quedaban con vida tres voces con un mismo ideal; tres voces que estaban dispuestas a continuar la obra iniciada por el patriota; tres voces que se sentían en el alma de este país; se trataba de Martín Luther King, Robert Kennedy y Malcom X. El movimiento conspirador no detuvo en ningún momento sus intenciones de continuar erradicando toda intentona libertaria que se detectara en esta nación; de manera que mantuvieron su firme decisión de continuar golpeando desesperados y discriminadamente todo lo que significara emancipación de una raza.

Los extremistas enfilaron la proa de su barco siniestro hacia las tres figuras que en ese momento significaban para ellos el gran peligro en contra de su fatal programa. A pesar de que llegaron a creer por momentos que con el golpe que habían asestado era suficiente; prontamente volvieron a la realidad al darse cuenta de que el movimiento libertador era indetenible, por lo que volvieron a reaccionar casi de inmediato para así reiniciar un golpeteo sistemático con la firme idea de eliminar lo antes posible a sus mas temibles enemigos inmediatos.

Como dijimos anteriormente, después del inicio de la presidencia de Kennedy, tanto la raza negra como la latina o hispana, como se le llama en este país, empezaron a sobresalir de entre los escombros de la esclavitud en que estaban sumergidas por tantos años y lógicamente a destacarse dentro de la sociedad; pero cabe señalar que la ultra derecha no dejó de conspirar en ningún momento y de mantener sus viejos reglamentos que ya con este nuevo grito de plena libertad lo veían sin vigencia; mientras esto sucedía; que no era mas que una metamorfosis dentro de la sociedad, los conservadores recalcitrantes continuaban en su afán de eliminar toda voz de rebeldía.

La voz de Martín Luther King, defendiendo constantemente los derechos civiles, adjunta a las voces de Malcom X y Robert Kennedy, además del el grito liberador de Don Cesar Chávez; en California, en defensa de lo derechos de los trabajadores agrícolas, mantenían la llama de la libertad encendida, en los corazones de las razas y clases desposeídas. Además en el mundo entero se sentían sus efectos, pues la noticia corría y llamaba la atención grandemente, a consecuencia de que estuvieran sucediendo estas atrocidades, en el país más poderoso del mundo, símbolo de las libertades democráticas.

Los acontecimientos comenzaron hacer sus efectos y a sentirse muy acentuadamente en América Latina; quienes como vecinos y emigrantes permanentes, estábamos enterados, mas que el resto del mundo, de el mar de levas que acontecía en esta sociedad, ya que en ella casi todos nosotros teníamos para esa fecha algún familiar residiendo en este país.

En medio de la vorágine que a consecuencia de ese gran segundo grito de libertades, se estaba viviendo en la sociedad; nuestra raza que también había venido sufriendo del flagelo de la discriminación, se envolvió en el movimiento de liberación y comenzó hacer sentir sus deseos de superación y por ende a destacarse.

El sistema que imperaba hasta esa fecha, mantenía una actitud hostil y esclavista hasta con sus vecinos de América Latina, pues cabe señalar que para los años 60, existían en nuestro continente unas 14 férreas dictaduras que gobernaban nuestros países; todas apoyadas en el sistema ultra conservador y racista que mantenía el imperio norteamericano, en esa época.

DICTADURAS
LATINOAMERICANAS

En Cuba, una dictadura degenerada y dirigida por un tirano, que desde hacia tiempo se había creado el habito de dar golpes de estado y derrocar gobiernos cuando le daba la gana.

En Republica Dominicana otro dictador que llego a creer que ese país era de su patrimonio; el cual había heredado de los dioses del olimpo.

En Haití otro asqueroso vitalicio y asesino, que gobernó hasta su muerte, dejando a su hijo como heredero del trono.

En Nicaragua, la dinastía de los Somoza; estos gobernaron ese país a su antojo, con herencia y todo; olas de asesinatos, y dueños de esa tierra por ley divina heredada del todo poderoso.

21

Guatemala: Secuencia de golpes militares, "yo te quito yo me pongo".

Honduras: Insurrección en el 59. Golpe de estado militar posteriormente.

El Salvador: Junta cívico militar, impuesta por la fuerza.

Panamá: Asesinato del presidente en el 55, complot traidor dirigido por el vicepresidente para este tomar el poder.

Colombia: Mar de Levas, dictaduras, revueltas, asesinatos políticos.

Venezuela: Dictaduras del 08 al 35 y del 48 al 58. Militares.

Brasil: Golpes de Estado, renuncia del presidente, destituciones.

Uruguay: Semidemocracia representativa, con sublevaciones esporádicas.

Paraguay: Dictadura 54 al 88; elecciones amañadas.

Argentina: Dictadura de Perón; secuencia de golpes de estado.

Perú: Golpes de Estado; Juntas militares.

Ecuador: Golpes de Estado.

Bolivia: Golpes de Estado, revueltas.

Costa Rica y Chile: Estos fueron los únicos países de esa época que mantuvieron una democracia representativa sin dictaduras, sin embargo, cabe señalar que el golpe en este ultimo país del año 73, es un reflejo de la in fluencia militar en nuestro continente que se mantuvo por siglos.

México: en este país se mantuvo una dictadura de partido con robos, fraudes, corrupción, asesinatos etc. por 70 años de descaro, falsamente respetando los derechos de autodeterminación de otros países, pero el partido en el poder, hacía lo que le daba la real gana; mantuvo a este país en la ultra miseria.

Toda América Latina se mantuvo por años, bajo estos sistemas dictatoriales, dirigidos a su vez por las embajadas de USA, que representaban los gobiernos del sistema norteamericano imperante en esa época oscura, racista, discriminatoria y esclavista; la cual no comenzó a cambiar radicalmente, hasta que acontecieron los hechos históricos mas importantes del Siglo XX, en nuestro continente.

El triunfo de la revolución Cubana, y el inicio de la revolución social de Kennedy, en contra del racismo esclavista y prepotente, que predominaba en este país.

La primera dictadura que cayo en el continente fue la de Fulgencio Batista en Cuba; su nuevo gobierno comenzó con su propaganda revolucionaria a ejercer influencias en Hispanoamérica; o sea que prácticamente surgen casi al mismo tiempo los dos movimientos que van a influir de forma determinante en el desarrollo hasta intelectual de estas dos razas oprimidas por años.

En lo que se refiere América latina, comienzan a caer las dictaduras una tras otra, y a su vez nuestros pueblos dormidos en la ignorancia que proporcionaban estos gobiernos de manos duras, al recibir estos aires de libertad, comenzamos abrir los libros que estuvieron cerrados por largos años a consecuencia de las ordenes de estos señores feudales que gobernaban nuestros pueblos;   y así proporcionarnos el avance, por lo menos intelectual que hoy tenemos.

Las dictaduras fueron difíciles de eliminar, y costaron muchas vidas inocentes; solamente a través de un hecho histórico de tanta trascendencia como el que ocurrió en el 1960, con el triunfo del partido demócrata, teniendo a Kennedy a la vanguardia, iniciando su movimiento libertador; era posible que los pueblos subdesarrollados y dormidos por un sistema colonial arcaico, se sublevaran en contra de sus opresores y se iniciara el derrumbe y caída de todas estas lacras que desgobernaban nuestros países

A mi personalmente me toco vivir, durante el transcurso de mi niñez y adolescencia, bajo el régimen de uno de estos dictadores asquerosos que pensaban que nuestras tierras eran de su privada pertenencia y llenas de esclavos. Cabe mencionar que en Republica Dominicana, donde yo nací, existió un dictador llamado "Trujillo"; que fue por muchos años un "perro de presas", de los gobiernos norteamericanos de esa época; que cerró los libros en nuestro país y aparte de eliminar con manos de verdugo todo intento de libertad, llego a creer que esa tierra era de su propiedad. Esta hiena humana era utilizada para mandar a eliminar a cualquier liberal o demócrata que existiera en América latina. En nuestro continente habían sido instaurados una serie de gendarmes adulones oportunistas, que mantenían amordazados a nuestros pueblos, envueltos en la ignorancia que era conveniente para el sistema esclavista y racista, que promovía la política del imperio, y que gobernó por muchos años; pero que con el inicio de esta revolución verdaderamente democrática, de manera radical, comienzan abrir los ojos los pueblos latinoamericanos, aupados principalmente por el grito de libertad de Kennedy del año 60 y el derrocamiento de la dictadura de Fulgencio Batista en Cuba.

Cabe señalar que el triunfo de la revolución en ese país antillano en el año 1959, ejerció una influencia terrible y beneficiosa en la mentalidad de los pueblos de Hispanoamérica, tanto así que en poco tiempo todas las dictaduras del continente comenzaron a desmoronarse.

La voz de tribuno y figura carismática de Fidel Castro, era escuchada como la de un libertador, a través de la radio clandestina en nuestros pueblos, que esperábamos ansiosos el derrocamiento de las dictaduras que nos amordazaban inmisericordemente desde hacía años.

Los dictadores fueron cayendo unos tras otros, algunos ajusticiados como Trujillo y otros huyendo como cobardes.

En definitiva la década de los 60 fue determinante para todo el continente; hoy gozamos de los beneficios, aunque no por completo, del sacrificio y acción de estos titanes de la historia.

En lo que se refiere a la raza negra esta ha sido históricamente la mas humillada y sufrida de todas; durante la existencia de la humanidad ha luchado indeteniblemente por su libertad y aunque todavía encuentra opositores poderosos, paso a paso ha continuado avanzando hasta lograr en definitiva casi todos sus sueños y conquistas.

Nosotros los latinoamericanos debemos respetar, colaborar y admirar esta casta de gigantes que son nuestros hermanos de lucha y sufrimientos. Los prepotentes de ojos azules siempre han querido humillar y discriminar ha estas dos razas, creyendo y propugnando a la vez su desdichada supremacía blanca, la que no ha tenido, ni tendrá jamás aceptación en ninguna parte del mundo.

Los eternos esclavistas mantenían su conspiración permanente, para continuar en sus andanzas de racismo impenitente. La raza negra continuaba en su avance incansable y a pesar de que se mantenía el golpeteo sistemático, por parte de Johnson y su camarilla de traidores, ya era imposible detener el desarrollo de esta; y el interés indetenible en la conquista de sus derechos; también de todos los latinoamericanos.

Luchadores Mártires

¡CAEN PATRIOTAS!

En el año de 1965, muere victima de un atentado Malcom X; un personaje de la raza negra y líder en éste país, que practicaba la religión Islámica Musulmana y que propugnaba por la sublevación de su raza, para de esta manera lograr la libertad de los esclavos negros; o mejor dicho eliminar los residuos de la discriminación racial que todavía quedaban en esta sociedad.

Para justificar este crimen, la ultra derecha racista envía a unos supuestos seguidores del Islamismo que mantenían ciertas diferencias por la lucha en la dirección de esa secta religiosa. Aquí aparece de nuevo, con sus mismas características, la mano oscura del detestable Poder Oculto.

El día abril 4 de 1968, cae asesinado uno de los hombres y patriotas, más grande que ha tenido la historia de esta nación; Martín Luther King. Una vez más viene a tener resultados nefastos la conspiración de los ultra conservadores, que a consecuencia del avance indetenible de estas dos razas; continuaban envueltos en el acrecentamiento de su miedo terrible dentro de su sistema arcaico; pues la presa de manera apresurada, se escapaba de su control.

Con la desaparición a destiempo de este líder, llega a nuestra sociedad y se produce un fenómeno poco común; pero yo diría casi natural. En vez de disminuir, como esperaban los racistas; la llama de la libertad se acrecentó, el instinto de superación, el deseo de estudiar entre otras cosas incrementado por él, dentro de su raza y su pueblo.

Este hombre titánico nos dio un ejemplo de sacrificio, de lucha incansable, de superación, y sobre todo nos demostró que no hay nada imposible de lograr, cuando un pueblo se une con un objetivo común, siempre y cuando sea luchando en pos de la razón y por el bien de la humanidad.

Dr. MARTIN LUTHER KING: Con esta minifestacion apoteósica del 8-26-63 Los racistas y esclavistas, temblaron de miedo. Este día tramaron el crimen.

Manifestaciones populares, en reclamo de los derechos civiles, despues de el magistral y emocionante discurso de Luther King el 28 de agosto de 1963, en Washington.

Cuando Martín Luther King, habló por primera vez a su pueblo de que el había tenido un sueño y posteriormente relató con lujos de detalles, cuales eran las conclusiones descifradas de ese supuesto sueño, mucha pero mucha gente llegó a creer que estos objetivos se quedarían simplemente en lo que el había dicho en principio, un sueño; o sea que mucha gente de su raza no llegaba a concebir que esto se pudiese lograr; sin embargo a pesar de todos los inconvenientes que hemos tenido a lo largo de los 35 años pasados después de su muerte; hoy ese sueño es ya casi una realidad.

Las consecuencias que hemos tenido en este país después de la caída de éste gigante, han sido beneficiosas para todas las clases populares y muy especialmente por los logros alcanzados por estas, tan golpeadas y vejadas razas; negra y latina.

A pesar de que físicamente los conspiradores impenitentes lograron su objetivo, en eliminarlo; su imagen, su pensamiento, sus ideales han hecho que su figura sublime, aumente de forma inmensa, así como crece la sombra cuando se oculta el sol. La figura y el ideal de Luther King, deberán permanecer imperecederos en el corazón, la mente y el espíritu de esta nación por siempre, para el engrandecimiento y la libertad de todos sus conciudadanos.

¡Asesinado!

Robert Kennedy, cae asesinado en Junio 5 del mismo año 68, victima de un fanático creado por estos mismos ultraderechista. Hay que ver cuan grande fue el temor que sintieron éstos, que desesperados se atrevieron asesinar a los cuatro líderes carismáticos mas grandes del Siglo XX, que existieron en esta nación, en un lapso de tiempo cinco años, y los dos últimos líderes en solo dos meses. El monstruo agonizaba, y en su final daba heridas graves a sus presas que se les escapaban. Su obsesión aun en estado de muerte era mantener a sus esclavos totalmente dominados.

Aquí aparece otro acto de desesperación de los racistas extremistas, con una demostración de miedo insospechada. Tenían la seguridad, como todo el pueblo norteamericano, de que Robert Kennedy ganaría las elecciones presidenciales y por tanto mantendría con igual o más fuerza que sus antecesores; la defensa de los derechos civiles y el antirracismo. Los ultra conservadores vuelven de nuevo a utilizar su desdichado ¡Poder Oculto!, del cual hemos hablado en diferentes renglones de este libro; y a través de su viejo sistema arcaico, vuelven a utilizarlo reincidentemente, llegando a la conclusión de que tenían que eliminar a éste líder lo antes posible, quien significaba todavía ser, la ultima figura libertaria vigente del gran movimiento de 1960. De esta manera volverían de nuevo a sus viejos sistemas de esclavitud y racismo impenitente.

El estado de convulsión, de tristeza y pena que se vivió en este país durante el período de esos cinco amargos años 63-68, mantuvieron en vilo a esta nación. Debo señalar, que ninguna de la dos razas liberadas, ni la negra, ni la latina, estaba en disposición de dejarse arrebatar la libertad lograda y derechos adquiridos después del inicio del el movimiento revolucionario de Kennedy.

Después de consumar esta serie de atentados que produjeron los extremistas de la ultra derecha resista y retrograda de este país, la estabilidad política e interna de esta nación, estuvo al borde de una guerra civil; o sea que por poco logran sus objetivos degenerados de llevar a este pueblo a un baño de sangre. ¡Fatal para todos!

Esta casta de degenerados les importa un comino llevar al país a una catástrofe general, con tal de lograr sus objetivos obsesivos, de mantener un sistema que a esta altura de juego, resulta ser en grado comparativo, como si fuese una especie desaparecida.

Más adelante, durante el desarrollo de esta obra, veremos como en la actualidad aparecen todavía remanentes que intentan mantener a esta sociedad atemorizada. Lo importante no es ser campeón, sino mantenerse. Los líderes de este movimiento imperecedero nos enseñaron a mantenernos en la cima. ¡Adelante hermanos de raza y principios!

Con la muerte de este ultimo líder demócrata pensaron en medio de su pánico y obsesión de poder, que habían eliminado por completo el movimiento libertador, por lo tanto comenzaron a sentir un poco de tranquilidad, creyendo falsamente que el mar de levas había pasado, pero sus esfuerzos aunque dañinos fueron insuficientes para detener la fuerza arrolladora de estas dos nobles, patrióticas e indomables razas, que inspiradas por los ideales de Kennedy, Cúter Kina y Chávez, lograron su definitiva liberación.

Querían por todos los medios detener el avance arrollador de este movimiento, pero ya era imposible. La semilla de libertades y desarrollo sin discriminación que sembró Lincoln y continuada en su segunda etapa por Kennedy, había dado ya sus frutos, pues en muy poco tiempo continuaron con esta magna obra de gigantes, Martín

Luther King, Robert Kennedy y Cesar Chávez. Los eternos conspiradores temblaban de miedo y desesperados dieron su último zarpázo de agonía, como monstruo que perece definitivamente.

"MARTIN LUTHER KING"

Lider heroe y martir en su lucha y defensa por los derechos civiles, y figura destacada dentro del movimiento libertador de John F Kennedy de los anos 60. Sus suenos hoy son una realidad.

"I Have a Dream". El día 28 de agosto de 1963, en la ciudad de Washington ante una multitud enardecida por las palabras vibrantes y esperanzadoras de un líder que poseía un carisma extraordinario y su voz adjunta al léxico sin igual de un orador sin precedentes en la historia de este gran país, se escucho por vez primera esta frase sublime que lleno de ilusiones a toda la nación que ansiosamente esperaba como un grito de libertades, que llenaría de satisfacciones y logros sobre todo, a las razas desposeídas y vejadas de esta sociedad. La raza negra como la latina han luchado con verdadero amor patriótico por forjar esta gran nación; habiendo participado en todos los hechos históricos y decisivos que ha tenido este país, entregando sus vidas, con el valor necesario que ha sido requerido por las circunstancias; sin embargo hasta ese momento, nadie fuera del poder se había atrevido a pronunciarse de una manera tan preclara y profética en favor de los desposeídos y discriminados por años, inmisericordemente.

Históricamente le corresponde ese honor a uno de los héroes y mártires más destacados que ha producido este país. Cuando menciono su nombre, mi espíritu se sublimiza. ¡Dr. Martín Luther King!

! Este país fue forjado por inmigrantes de todas las razas, cuya procedencia vienen de todas partes del mundo; de manera que éste territorio no es pertenencia personal de una casta de ojos azules con pelo rubio; quienes todavía aun, quieren mantener esa errónea idea, y falsamente se llegan a creer, que esta tierra en alguna época de sus antepasados, fuera o había sido un legado de Dios, que les había sido entregada, para de forma providencial, ampliar sus poderes y así dominar un paraíso con esclavos a sus servicios y antojos!.

El arrastre de Luther King, quien realizando una serie de manifestaciones multitudinarias en favor de los derechos civiles, el triunfo de Robert Kennedy en la convención demócrata en marzo del 68, como candidato a la presidencia, aparte del problema internacional de la guerra de Vietnam, que dicho sea de paso éste pueblo, nunca la quiso, mantenían el medio ambiente en una tensión indescriptible.

La frase lírica de "I Have a Dream", se convirtió de inmediato en algo simbólico, como una máxima que cada día aumentaba, con la misma inmensidad que crece la sombra cuando se oculta el sol y mantenía enardecida la llama del movimiento independentista; así de esta misma forma, deberá preservarse mientras exista este país, como un sinónimo de lucha significativa, de la libertad de éste pueblo.

Tradicionalmente en esta democracia representativa se hablaba de justicia social y de igualdad de respeto para todos los seres humanos; pero cabe señalar que con el racismo y discriminación que se practicaba continuamente , estábamos a la par con los nazis en la época de Hitler con los judíos; y aunque sea paradójico decirlo , una de las razas que propugnaba por este racismo rampante, esclavista, humillador y recalcitrante, eran estos mismos que años atrás en Europa, habían sido ultrajados y despojados de sus tierras, además de perseguidos por las hordas militares formadas por Adolfo Hitler. De manera que no me explico como una raza que había sufrido en carne propia de este flagelo, propiciara una situación similar a otros seres humanos.

El movimiento era indetenible, la raza por su parte comienza a destacarse en los deportes, da sus primeros pasos, sobresaliendo en la televisión y participando en todos los ámbitos de la vida cotidiana de esta nación.

La figura de Luther King, como símbolo de lucha, logra que esta sociedad de un cambio radical en todos los aspectos; Pero debemos mantener el ojo visor constantemente, pues cada cierto tiempo, aparece un loco fascista que quiere acabar con la humanidad.

La casta de facinerosos, con sistemas de gobiernos arcaicos, tiene que doblegarse día tras día y contar imprescindiblemente con la participación en todos los aspectos de estas dos razas "Negra y Latina"; en la vida diaria.

Las manifestaciones populares que se produjeron en Los Ángeles a consecuencia de la absolución de unos oficiales de policía que habían dado una golpiza a Rodney king; un negro afro americano, dieron como saldo más de cincuenta personas muertas y obligaron a hacer un nuevo juicio a las autoridades de turno; estas manifestaciones demuestran en forma palpable el poder adquirido dentro de los derechos que les asisten, a esta raza indomable y luchadora de éste país.

Aquí vemos de manera evidente, que aun después de muchos años de iniciada la revolución de los 60, todavía quedan vestigios de lo que represento el poder que mantuvieron por largos años los racistas en éste país. En este caso especifico; si las masas populares unidas, no dan muestras de rebeldía a consecuencia de una nueva intentona de injusticia que se iba a llevar a cabo, se hubiese cometido descaradamente un acto más de iniquidad y barbarie jurídica; aun en los años 90, al final del siglo XX y más de tres décadas después de iniciada la revolución de Kennedy. De manera evidente quedan demostrados los logros alcanzados por las clases desposeídas; cabe señalar que si este hecho hubiera ocurrido antes de los 60, nadie se hubiese podido sublevar, ni siquiera haber levantado una voz de protesta.

!Todas las intentonas de desafueros que provengan de los vestigios y remanentes que quedan, que intentaren de alguna manera promover la iniquidad dentro de esta sociedad en contra de cualquier raza desposeída, deberá ser aniquilada con toda la fuerza popular que poseemos a nuestro alcance. De manera que el caso "Roney King", deberá ser un ejemplo palpable de lo que significa la unidad indestructible de nuestras razas!

Chávez: Lucha Incansable

ROBERT KENNEDY Y CESAR CHAVEZ
Dos luchadores incansables de los derechos civiles de nuestras razas.

"CESAR CHAVEZ":
¡DERECHOS HISPANOS!

En California surge un líder hispano de origen mejicano, que estuvo luchando desde muy joven, y defendiendo a los trabajadores agrícolas, ya fuesen legales o ilegales, y se mantuvo defendiendo los derechos de todos los inmigrantes que habían estado pagando sus impuestos con anterioridad y por lo tanto proponía que la regularización de el status migratorio se les concediera a todos los que hasta esa fecha no habían podido legalizar sus documentos para vivir en éste país.

Comienza a dirigir la raza latina, a organizar a los nuestros en el reclamo de los derechos ya adquiridos con muchísimos meritos con el trabajo realizado por años y ganados honorablemente por los servicios prestados a ésta nación. Este ilustre líder y defensor de todos nosotros, a quien debemos agradecer los derechos adquiridos a consecuencia de su incansable lucha en favor de nuestra raza se le llamo, Don Cesar Chávez. A mi parecer éste fue uno de los hispanos más ilustres que ha dado nuestra inmigración, ya sea mejicana o de donde viniese, procedente desde cualquier rincón de nuestro continente. Muchas veces nosotros olvidamos con facilidad quienes han sido los hombres y mujeres que han sacrificado sus vidas por lograr adquirir la conquista de los derechos de cualquier raza; más quiero hacer hincapié en este punto especifico, para que el que lea esta pequeña obra, ya sea de nuestra o las futuras generaciones, aprenda y no olvide nunca que el bienestar del cual hoy gozamos y los derechos adquiridos, se deben a la lucha incansable de hombres que como Chávez, lo dieron todo por amor a los suyos y a éste país.

Estos son seres extraordinarios que Dios envía a la tierra cada ciertos años, que vienen a cumplir una misión, de dar amor, luchando toda su vida por el bien de sus semejantes. Mientras tengamos en nuestras mentes la imagen de estos titanes de la historia que he venido mencionando en este libro, nuestro país será inmenso y nuestras razas gloriosas. ¡Hagamos honor eterno a nuestros héroes, y así mantendremos por siempre nuestra libertad!

A partir de esta segunda etapa libertadora, nosotros ya no teníamos que mirar con reverencia a los supuestos señores de ojos azules; a pesar de que todavía en este año 2003, aparecen en la frontera ciertos vaqueros modernos queriendo cazar como venados a los inmigrantes hispanos que intentan cruzar a las tierras, que fueron de su propiedad y de las cuales fueron despojados.

No tiene ninguna explicación de lógica ni elemental siquiera y esto lo voy aclarar con puntos acentuados, para que de esta manera se sienta que existe una voz más de protesta, en contra de los atropellos que a diario aun se siguen cometiendo y que a la altura todavía del siglo XXI, los gobiernos de ésta nación, continúan permitiendo estos crímenes y abusos desmedidos, que se escapan de toda disposición legitima que pueda existir y que van en contra de todos los principios fundamentales de los derechos humanos.

¡Por lo que veo tendremos que llamar la atención de las Naciones Unidas, que tanto cacarea sobre estos famosos derechos, para ver si de una manera lógica, humana y definitiva se les hace justicia a quienes el único delito que cometen a diario, es buscar mejor calidad de vida a través de su honesto trabajo!

"DESGOBIERNOS LATINOAMERICANOS"

Lamentablemente los países nuestros, y me refiero América latina, siguen gobernados por una secuencia de políticos charlatanes y ladrones, que el único propósito que mantienen en común entre ellos, es el de apoderarse de grandes fortunas a costa de la sangre y salud de nuestros pueblos, esquilmando de forma permanente e indiscriminada, a nombre de la seudo democracia representativa, nuestras tierras, y de esta manera mantienen en un ambiente de miseria a toda nuestra raza. Vamos a empezar poniendo de ejemplo el caso de la republica mejicana.

Imaginare querido lector que un ministro de cualquier cartera de esta empobrecida y explotada nación gana el salario ínfimo de alrededor de $20,000 dólares mensuales, a esto agrégale viáticos ,más gastos de representación; o sea que éste burócrata representante de la mal llamada y empleada

41

en nuestros aniquilados y oprimidos pueblos, democracia representativa, percibe al año la irónica y criminal suma de unos $300,000 dólares, por el solo hecho de ser miembro del partido en el poder,(aparte de lo que se lleva entre las uñas) . Yo me pregunto si esto no es un crimen y traición condenable que mereciera por lo menos una cadena perpetúa. Se suponía que después de la caída del "PRI"; partido político que gobernó de una manera omnímoda y criminal, que se mantuvo 70 años en el poder, pidiéndole sacrificios al pueblo mejicano; todo este sistema iba a desaparecer con el cambio de gobierno; pero lamentablemente todo sigue igual. Lo peor de todo esto es que sucede continuamente en toda la América latina y nuestros pueblos siguen muertos del hambre. Cambiamos las dictaduras en donde el ladrón era uno solo y ahora en la democracia que nos aplican nuestros desdichados políticos y compatriotas, los que aparecen en el escenario son: "Ali baba y sus cuarenta ladrones". Que suerte tienen nuestros pueblos; en primera instancia eliminamos a los colonizadores para poner dictadores; éstos a su vez se ocuparon de eliminar a los libertadores y revolucionarios como "Bolívar, San Martín y Zapata". ¡Todos los hombres grandes y nobles de nuestro continente!

Ahora nos toca vivir el Karma de nuestra existencia, y digo así por que no se hasta cuando va a continuar esta pesadilla. De todas maneras los latinoamericanos tenemos que unirnos para erradicar de una vez por todas de nuestros países a estas ratas desdichadas, sin casta ni procedencia ninguna que se mantienen desgobernando nuestra raza; y así salimos en definitiva de este calvario que no termínala gran pregunta: ¿De que nos han servido las Seudo democracias Representativas?, que se mantienen desgobernándonos en la actualidad. El grado de analfabetismo que existe en nuestro continente actualmente es indescriptible. ¿Hacia donde vamos?

Uno de los casos mas significativos, que muestra el descaro y la degeneración de los políticos latinoamericanos, fue el ejemplo de "Colosio"; un demócrata destacado, cuyo único delito fue querer luchar por el bien de los desposeídos y hambrientos compatriotas mejicanos, que fue asesinado por los mismos dirigentes de su partido.

Vemos con el descaro que el autor intelectual de este acto asqueroso, esta viviendo en Australia, como un príncipe al cual la divina providencia le lego el derecho de asesinar a un líder liberal y robarle a la vez inmisericordemente a su pueblo. Me refiero a Carlos Salinas de Gortari, quien vendría a ser el símbolo de la degeneración y representante de la iniquidad e impunidad en ese sacrificado país. ¡No ha aparecido nadie que le exija justicia a éste degenerado!

En este párrafo anterior, mencioné el sagrado nombre del inmenso Bolívar, quien murió de pena y tristeza, a consecuencia de las decepciones que sufrió, después de haberlo dado todo y para colmo, como pago a su obra libertadora, se vio en la necesidad de morir en el destierro. Este grande hombre, fue una victima más de los politiqueaos y traidores, que desde tiempos inmemoriales vienen esquilmando nuestras tierras y saqueando inmisericordemente nuestros países y explotando a nuestros pueblos.

Allí en ése hermoso país, en la historia reciente, aparecieron una serie de cuatreros, investidos de políticos seudo demócratas, como son los Carlos Andrés Pérez, condenado por robo a su patria, y un tal Jaime Lusinchi, que tuvo el descaro, abierta y públicamente, de mantener tres amantes, en una demostración de machismo, para de forma escariosa, humillar el respeto que se merece ése heroico pueblo que lo llevo por desgracia al poder.

Ante estas secuencias de atropellos y vejámenes que continuamente recibía la sociedad, de repente el pueblo venezolano votó abrumadoramente, en unas elecciones libérrimas y soberanas, llevo al poder al coronel Hugo Chávez Frías, quien ha traído una serie de nuevas ideas revolucionarias, que han llevado a la clase conservadora de ése país a tomar la decisión de emigrar al refugio de los derrotados por las masas populares. ¡Ahora se presenta el llanto de Jeremías! ¡Hoy lloran como mujeres, lo que no supieron defender como hombres! Quiero hacer referencia, de un caso específico, en la vida política de ése país; me refiero a lo relacionado con Marcos Pérez Jiménez, quien fuera un militar de manos duras, que gobernó a Venezuela desde el 52 al 58; quien fue derrocado por un movimiento popular, dirigido por Acción Democrática (Adecos).

A partir de esa fecha entraron de nuevo a gobernar los supuestos demócratas charlatanes, de los cuales hice referencia anteriormente. ¡En la década de los 60, éste militar fue detenido en Europa y extraditado a su país, para ser juzgado, pero cuando éste fue llevado a juicio, sucedió algo muy irónico y fue que durante las declaraciones del acusado; éste dijo con mucho énfasis! ¡Yo robe, pero yo hice!, ustedes los demócratas, solo han cumplido con la primera parte. Nadie, durante el resto del juicio, se atrevió a ripostar nada de lo que había afirmado el ex dictador; ¿y saben ustedes porque?, pues sencillamente no tenían moral para contestar. Lamentablemente estos seudos demócratas charlatanes no tienen vergüenza.

Cuando Rómulo Betancourt, tomo el poder y se juramento como presidente de esa república, dijo en su discurso de toma de posesión, estas palabras Que se me quemen las manos, si le robo a éste país en el año 1960, éste gobernante sufrió un atentado en el cual coincidencialmente se les quemaron la manos. ¿Que ironía?

Aland García, después de haberse declarado perseguido político, durante el gobierno de Alberto Fujimori, ahora se pasea por las calles de Lima, pregonando que el fue un mártir del gobierno de éste ultimo. Este señor, es el descarado más grande que puede dar a la tierra un ser humano, pues aparte de que desfalcó, las arcas nacionales de ése país, no hizo nada y en estos momentos reclama con derechos de patricio, el poder que supuestamente el país le debe, por mandato divino.

Alberto Fujimori, cometió una serie de errores, durante su administración, pero por lo menos erradicó a Sendero Luminoso, y le dio la tranquilidad de vida a ese hermoso país. ¿Quien merece, por sus actuaciones más el poder?

En Republica Dominicana, apareció un seudo demócrata, maestro y dirigente máximo de toda esta recua de degenerados, y digo así, porque él y su compañero Rómulo Betancourt, fueron los pioneros de este movimiento de desfalcadóres del continente. Balaguer, después de haber sido el cerebro intelectual que dirigió todos los desmanes y crímenes descontrolados de un asesino consuetudinario, por más de 30 años, que amordazaron a éste pueblo, quiso por todos los medios y artimañas políticas creíbles, y concebidas por un cerebro diabólico, mantenerse en el poder, a costa de lo que fuese.

Alimentándose de sangre joven e idealista, se mantuvo, con sus artimañas y triquiñuelas, presentando resultados engañosos, de elecciones arregladas, hasta que por fin, por la voluntad del pueblo, fue expulsado del poder como desecho humano. Ahora aparece otro conato de caudillo, discípulo aventajado y egresado de esta escuelita degenerada, que intenta declarar a ésta hiena histórica, como padre de la democracia. ¡Me encuentro sin aliento, ante éste crimen histórico!

Augusto Pinochet, en nombre de la democracia, dirigió un golpe de estado, en el cual se cometieron los crímenes más abominables de nuestra historia republicana, que hayan ocurrido en nuestro continente, sin embargo éste tirano fue protegido por los diferentes gobiernos de éste país imperial, para que así este monstruo desangrara inmisericordemente a un país que había decidido libérrimamente y a través del voto democrático, su propio destino constitucional.

A pesar de que el Dr. Salvador Allende, tenía sus ideas y tendencias izquierdistas, jamás se demostró durante su gobierno, ninguna actitud de índole conspirativa, muy por el contrario, fue, ha sido y será, uno de los gobiernos de mayor incidencia democrática, en la historia republicana de Chile.

El último país en declarar su independencia, en nuestro continente, fue Cuba; la perla de las antillas. Durante su corta historia republicana, éste país ha sido víctima de maquinaciones con características muy particulares. Al poco tiempo de su independencia, surgió un sargento, que se convirtió en dictador, dando un golpe de estado con muchísima facilidad, a consecuencia del desorden administrativo de varios gobiernos anteriores, pero éste se acostumbró rápidamente al jueguito de quita y pon, y en consecuencia su gobierno también se degeneró en todos los aspectos. Vida nocturna, cabaret, prostitución, juegos, asesinatos, etc. Por los años 50, surge un movimiento revolucionario, dirigido por Fidel Castro y un grupo de jóvenes intelectuales que lo secundaron, hasta llegar al poder por la vía de las armas en enero de 1959, el cual hasta la fecha, 45 años después se mantiene vigente. He querido hacer hincapié en el caso insólito de Cuba, por la sencilla razón de que aquí se rompieron todos los parámetros políticos e históricos ocurridos en nuestro continente. La instauración en el poder de un gobierno revolucionario, declarándose al poco tiempo de comunista, en un país ubicado a 90 millas de Estados Unidos, creó de inmediato, una oposición política oportunista, compuesta inicialmente, por miembros del gobierno derrocado de Batista, personas de poderes económicos oligárquicos y oportunistas que aparecen de inmediato, cuando se considera que a un régimen en éste continente le queda poco tiempo, por el simple echo de haber declarado tener, algunas diferencias con el imperio. Durante mas de 40 años, a ése país, le ha sido aplicado un bloqueo comercial y diplomático, con la idea inicial de que con esta presión, el gobierno de Castro, se desplomaría con facilidad, cosa que no ha sido posible y mientras el hacha va y viene, el pueblo cubano continúa pasando vicisitudes, sin ninguna solución. Lo que más llama mi atención es que existen algunos supuestos dirigentes en ese "exilio dorado", que propugnan por el mantenimiento imperecedero de este bloqueo. ¿ Como es posible que exista un senador vitalicio, en el congreso de Estados Unidos, llamado Lincoln Diaz Balart, que por cierto fue en una ocasión de su vida, sobrino de Fidel Castro, que continúe propiciando esta tortura estéril, que no termina con un castigo impenitente, para el pueblo cubano? . La única explicación razonable de todas estas alegatorias inconcebibles, tienen una sola palabra. ¡OPORTUNISMO!.

Todos los dirigentes políticos, que han hecho fortuna, en el "exilio dorado," a consecuencia de la permanencia de Fidel Castro en el poder, saben que el bloqueo actúa como una coraza de protección para ése gobierno; quien a su vez justifica ante el pueblo, la situación económica que viven a consecuencia de este abuso, proporcionado por el imperio a ése pequeño país.

Orlando Bosch, fue sentenciado y condenado a cumplir once años de prisión en Venezuela, por haber colocado una bomba terrorista y haber derribado un avión repleto de inocentes deportistas cubanos, mientras en Miami, los dirigentes del exilio dorado, lo declaran héroe de la democracia. Vivimos rodeados por las actuaciones de los politiquéros oportunistas de siempre. Mientras estas secuencias de farsas continúen, no habrá ninguna salida. Fidel Castro seguirá gobernando, hasta que el todo poderoso lo mande a buscar y los vividores del exilio dorado, seguirán creándoles cuentos a los ingenuos, que a diario les escuchan sus babosadas radiales, mientras el pueblo cubano continúa pasando ¡Las mil y una noche! Antonio Maceo, prócer de la independencia de ese hermoso país, decía. ¡La Libertad no se mendiga, se conquista con el filo del machete! Lo que pasa es que Maceo, no era político, sino un patriota. ¡Esa es la gran diferencia!

Estas y muchas otras no mencionadas, son las razones por las cuales nuestros pueblos se ven obligados a emigrar; Pero el hecho de que vengamos a éste país a consecuencia de estas imperiosas necesidades, creadas por nuestros desconsiderados pillos políticos, como ha sido el caso de todos los inmigrantes con diferentes etnias de todas partes del mundo y en diferentes épocas, no indica que nosotros seamos víctimas discriminadas por esta casta de degenerados, ubicados en Norteamérica y que todavía intentan mantener su viejo sistema.

En este párrafo que acabo de escribir, hable someramente de los fabulosos políticos que abundan en Hispanoamérica; caso que debemos tratar con el debido interés y cuidado que merece, para el bien de nuestros pueblos. Ya que nosotros no tuvimos la suerte de que nuestros compatriotas políticos descendientes de Satanás no cambiaran su forma de administrar la cosa pública, o bienes y patrimonio de nuestros países, por lo menos debemos de enfrentar el flagelo de la corrupción, la que veo es casi endémica en América latina. Hay que hacer escarmentar a los políticos corruptos, que en este momento se amparan en una seudo democracia convencional y personal, para sus beneficios. Es importantísimo e imprescindible reincidir sobre este particular, ya que nuestros descarados dirigentes continuamente se amparan en el modelo del sistema de gobierno de los Estados Unidos, para hacer sus desfalcos desmedidos a nuestras naciones en Latinoamérica.

Estoy recibiendo como una gran noticia, la sentencia que acaba de ser impuesta a uno de estos charlatanes políticos saqueadóres y usurpadores del poder; espero que el ejemplo de justicia que ha sido aplicado al señor Arnoldo Alemán en Nicaragua, sirva de escarmiento a todos estos cuatreros de turno, que todavía nos desgobiernan en el continente.

Estados Unidos muchas veces ha tenido culpabilidad muy directa en permitir que en nuestros países vecinos, una serie de políticos charlatanes tomen el poder y en nombre de la democracia representativa, desfalquen y esquilmen nuestras tierras, llenando de miseria los pueblos nuestros y en consecuencia los indo americanos nos veamos obligados abandonar nuestros patrimonios sentimentales, en busca de nuevos horizontes.

En casi todos los países de América latina, solamente existen dos clases sociales; la muy alta que vive de los gobiernos de turno; robándole a los pueblos, a la clase paupérrima y oprimida, que a duras penas y malamente come.

Ahora que llegamos al tema de la frontera, y tratamos el caso de los inmigrantes ilegales que cruzan; cabe señalar que estos humildes hombres y mujeres al igual que todos los inmigrantes que vienen a éste país en busca de mejor calidad de vida a través de su honesto trabajo; que han sido humillados y discriminados a través del tiempo por los eternos esclavistas que como Pete Wilson, gobernador de California 91-99, emiten ideas y propuestas adefésicas, proponiendo la discriminación impulsiva de estos y sus descendientes a sabiendas de que esta raza es la única que es capaz, desde hace muchos años de resolver el problema económico de la agricultura en ésta nación. Los mejicanos al igual que todos nosotros los latinos, tenemos el mismo derecho que los desdichados Rednecks, que a esta altura de juego, o sea en pleno siglo XX1, no quieren admitir que esta tierra es patrimonio nuestro también; de manera que tenemos que continuar luchando aunque en forma desigual en contra del negativismo y hasta su exterminio total.

Los únicos obreros agrícolas que recogen las cosechas de tomates ,de uvas, de todo tipo de vegetales y tubérculos que produce el país, son los inmigrantes ilegales; muy mal pagados por cierto y a los cuales se les hace el descuento legal de impuestos que rige la ley en los Estados Unidos de América.

Estos inmigrantes ilegales de habla hispana contribuyen al desarrollo económico de éste país y aunque esta fuera de la ley el cobro de impuestos a un ciudadano que legítimamente no le esta permitido trabajar en esta nación americana, además de todos estos desafueros, aunados a una explotación indiscriminada, aparecen todavía en ésta nación individuos de la calaña del señor Wilson, que intentan eliminar a nuestra raza o por lo menos expulsarla de aquí.

¡O, se me olvidaba algo que estaba pasando por alto!; de acuerdo a informaciones de entera confianza, se ha hecho de conocimiento público que éste detestable personaje, dañino a la sociedad y enemigo de nuestra raza; en una ocasión mantuvo trabajando a niveles casi de esclavas en su hogar a más de una empleada de servicios domésticos, las cuales carecían de documentos legales; trabajando para él y los suyos; ¿que ironía?

Ahora yo me pregunto, ¿cuales son los derechos que les asisten a esta casta degenerada, venida desde otras tierras como aventureros al igual que nosotros, para hacer propuestas tan negativas y retrogradas que mantienen en detrimento, hacia las razas que ellos consideran inferiores? Pesele a quien le pese, el mundo se encamina a pasos agigantados hacia su definitiva liberación; de manera que las ideas arcaicas y esclavistas quedaron en el pasado. El solo hecho de tener pelo rubio y ojos azules no les da el privilegio de discriminar a nadie y mucho menos a seres de los cuales ellos han sacado grandes beneficios con su explotación indiscriminada, por años.

La permanencia de estos honestos ciudadanos como trabajadores de la agricultura es una necesidad imperiosa, que contribuye constantemente a la economía de éste país, por lo tanto es imprescindible y beneficiosa para todos nosotros su legalización inmediata.

No me gusta presagiar, pero en el estado de California, acaba de ser electo, un gobernador de corte racista y ultra conservador; apenas tiene unos días en la posición y ya ha comenzado a imponer medidas extremas en contra de los inmigrantes; sobre todo los de pelo negro, como somos nosotros.

Arnold Swaschenaker, es un inmigrante venido de otras tierras, al igual que nosotros, pero la gran diferencia que existe, es que éste señor es un extremista nazi, el cual ha decidido desde el poder, hasta olvidar su procedencia. Todavía no me explico como éste personaje pudo haber sido electo en un estado que tiene una alta población latina y que ha sufrido a la vez de tanta discriminación, por parte de este tipo de ave de rapiña, que representa la casta mas recalcitrante que haya podido pasar por ésta nación. Tengo la negativa impresión, de que en el estado de California, se va a pagar muy caro este error. Ya se habla de un proyecto de algo parecido a la nefasta propuesta 187, del tristemente recordado señor Pete Wilson.

La licencia de conducir vehículos de motor, ha partir de esta fecha, no va a ser permitida a los inmigrantes ilegales, aunque estos permanentemente les proporcionan beneficios económicos a la agricultura de todo éste país.

Estados Unidos no puede vivir, ni existir sin la participación de los inmigrantes, pues desde su fundación ha necesitado de la imprescindible contribución de su mano de obra, para el desarrollo de la industria, la construcción, la agricultura y su economía.

Mantengo la firme esperanza de que constantemente y en el futuro continúen apareciendo patriotas de la altura de Don Cesar Chávez como estandartes de resistencia y defensores de las dignidades y derechos de nuestra raza; en contra de los residuos conspiradores que como Pete Wilson y Arnold Swaschenaker quedan aun en esta sociedad. Espero equivocarme en la apreciación que tengo acerca de éste señor, que ha tomado posesión del cargo de gobernador de California. ¡Que Dios nos saque con suerte!

Jimmy Carter es uno de los hijos de la revolución liberal de Kennedy que más aporte ha dado a la verdadera democracia de éste país y aunque ha sido criticado grandemente por los ultra derechistas de ésta nación, ha demostrado ser un gran filántropo, pues en todos los conflictos internacionales, sobre todo los relacionados con América latina; éste ha sido enviado a intervenir para subsanar y participar pacíficamente en los asuntos internos de esa nación; cabe señalar que es enviado por gobiernos demócratas que no quieren saber de resoluciones bélicas. Los gobiernos del partido demócrata, son a mi parecer los verdaderos liberales y humanistas que ha producido ésta nación, pues mantengo la firme convicción de que los republicanos siempre han propugnado por administraciones hostiles.

La decisión que tomó Carter, en permitir la entrada al país de más de cien mil cubanos en 1980, para evitar un conflicto y derramamiento de sangre en esa isla hermana, es una prueba evidente de cuales son las características particulares de los verdaderos demócratas.

Tenemos que reconocer que durante el gobierno de éste liberal nuestras dos razas avanzaron grandemente en todos los aspectos y esto se debió a que esa administración se ocupó por encima de todo de mantener la política de su antecesor demócrata, al cual consideró como su guía y maestro. Incidiendo en la máxima de que John F. Kennedy, ha sido y será el símbolo de toda libertad plena, avance de nuestras generaciones y las futuras que vendrán a sustituirnos. Lo que quiero significar con esto y nos debe servir de ejemplo es que su revolución deberá permanecer imperecedera mientras exista ésta nación.

¡Regularmente los grandes hombres de la historia de la humanidad, mueren siendo víctimas de traiciones y calumnias; muchas veces abandonados por todos, aunque posteriormente a su muerte, la historia se encargue de ser el árbitro que los juzgue de manera imparcial, para pasar así a la infinita dimensión de la inmortalidad!

A pesar de que Lincoln, participó en una guerra civil; Rossevelt en la segunda guerra mundial; Kennedy en lo que pudo haber sido un conflicto armado de niveles internaciones; todos estos demócratas lo han hecho en defensa de los intereses dignificantes de ésta nación. No aparece un republicano, con la excepción de Ronald Reagan, verdaderamente altruista en la presidencia de éste país. El acto deshonroso y nefasto en contra de la humanidad más abominable que ha llevado a cabo ésta nación y censurado por el mundo entero fue realizado por un republicano; me refiero a "Hiroshima y Nagasaki", dos bombas que a los 50 años de su hecho dejan todavía sus huellas de muerte y enfermedades.

La misión de éste pequeño libro es llevar un mensaje a las generaciones presentes y futuras, recalcando sobre todo en la clarificación de los hechos y cambios que ha vivido éste país a partir del gobierno de Kennedy. En honor a la verdad, tengo que reconocer que hubo un gobernante republicano al cual éste país debe agradecer por el resto de su existencia lo logrado por éste grande hombre, y es que probablemente le haya evitado un desastre nuclear que de haberse realizado hubiese ocasionado la desgracia y desaparición de la humanidad. Ronald Regan junto a Gorvachev de Rusia, fueron los artífices de esa misión histórica, a quienes el mundo debe agradecer.

Su participación en diferentes reuniones con el líder soviético, dio como resultado que nuestro gobernante motivara al contrario de que desistiera de la guerra fría que tenían estas dos superpotencias desde hacia muchos años, lo cual trajo como conclusión el fin de este enfrentamiento ideológico y por ende la tranquilidad de toda la humanidad.

Las intervenciones militares y violentas del imperio, en las cuales se ha involucrado en asuntos internos de cualquier nación pequeña, ha dejado la imagen del abusador en la mente de los pueblos, y traigo a colación esta referencia para establecer la diferencia entre un sistema y otro. La intervención militar de Estados Unidos en Panamá, para sacar un payaso de dictador del poder, en esa pequeña nación; Noriega: no era necesaria, pues dejo un saldo de pérdida de vidas inocentes que no merecían morir. La decisión de esta invasión fue tomada por George Bush padre, coincidencialmente un republicano.

La invasión y ocupación militar en Santo Domingo en el año 65, fue decidida por un demócrata traidor que anteriormente habíamos mencionado; Johnson. Esta dejó huellas indelebles en nuestro pueblo, que jamás se han borrado de la conciencia nacional. Sin embargo, cabe señalar que las intervenciones demócratas han sido pacíficas y en casi todas se ha hecho uso del dialogo, representado en la mayoría de los casos por Jimmy Carter, como ángel salvador y representante de la paz. Creo que éste demócrata debe ser reconocido dentro de los parámetros que realmente a él le corresponde.

Debemos observar con detenimiento que el comportamiento de Estados Unidos, en su política tanto nacional como a niveles internacionales, a dado un cambio que podríamos definir en geometría como de ciento ochenta grados en la circunferencia; lógicamente esto comienza a suceder después del inicio de la revolución de Kennedy; o sea, que caemos en la causa y los efectos, una cosa trae la otra. La liberación de estas dos razas "Negra y Latina", ha ejercido una influencia tan grande en esta sociedad, que se ha reflejado en todas las actitudes de los gobiernos subsiguientes, aun siendo republicanos; con la excepción muy destacada del actual gobierno; el cual considero lleva un camino equivocado.

A ésta gran nación, no la dirige un hombre, éste país obedece a un sistema de gobierno, que cumple con los dogmas establecidos desde sus inicios y eso a su vez cumple fielmente con los intereses y la dignidad de la patria; de manera que todo país u organización que intente conspirar contra lo establecido ha sido y será rechazado instantáneamente; pero una cosa es defender la soberanía y otra es salir a buscar problemas bélicos, para demostrar al mundo que somos los mas fuertes. No estoy ni estaré nunca de acuerdo, con esta política de agresividad extrema, que ya va costando muchas vidas inocentes de nuestros jóvenes soldados.

El grito de libertad revolucionaria emitido por Lincoln en favor de una raza esclavizada por años, fue y ha sido tan difícil el logro de sus objetivos a consecuencia de que el sistema imperante llego a creer falsamente que con el inicio de este movimiento se estaba conspirando contra los intereses y dignidades de la patria; no se a quien se le ocurrió la flagrante idea de que esto era así y cabe señalar que la facción que se sintió más lesionada, fue la clase dominante que en esos momentos históricos del siglo X1X, era una casta de racistas que creía inconscientemente que estas tierras eran de su patrimonio personal, y adjunta a ella todos sus habitantes incluyendo los indios que encontraron viviendo en ellas, cuando las colonizaron.

Contrariamente a lo imaginado por ellos, la semilla de libertad comenzó a germinar en la conciencia de la raza mas oprimida de la humanidad, y aunque muy lentamente fue avanzando, se fue traspasando la idea libertaria de una generación a otra.

¡La libertad y la Inteligencia, son parte integral del hombre!; por tanto, nada ni nadie puede impedirle al humano el poseer esos naturales privilegios, legados por Dios a todos nosotros que somos sus hijos, de manera que ningún mortal tiene el derecho de privar de estos dones divinos a sus semejantes.

El fracaso definitivo de los racistas recalcitrantes y esclavistas nefastos, que por muchos años hicieron a sus antojos lo que les viniera en ganas, se volcó como un bumerán sobre ellos y definitivamente para siempre. ¡Que cambien de actitud, o se van de estas tierras, en la dirección en donde nacieron sus antepasados!

Este país fue habitado y forjado por inmigraciones de todas partes del mundo; los únicos nativos de estas tierras son los "Apaches y Comanches"; quienes también fueron despojados de todas sus pertenencias.

En lo que refiere a los llegados en primera instancia, los descubridores de estas tierras fueron españoles y no irlandeses como falsamente todavía se lo quieren creer los de ojos azules. Ni nosotros los hispanos ni los afro americanos, renunciaremos a los derechos que tenemos, unos por nacimiento y otros por orden de llegada.

El pensamiento de Luther King, con su máxima de "I Have a Dream", no significaba simplemente lo que él explicó en unos cuantos discursos; de que soñaba vivir en una patria donde se respetaran los derechos de todos los seres humanos; más bien quiso emitir dentro de su mensaje la idea de que aspiraba que algún día no muy lejano su raza llegara y tomara el poder en todos los aspectos, tanto político como intelectualmente.

Este grande hombre no soñaba con ser dueño absoluto de este país, pero si con que su raza muy merecedora pudiera participar en todas las decisiones trascendentales de derecho y poder; o sea lo que más o menos estamos viendo en estos momentos. Vemos la presencia en el congreso de negros y latinos, además la participación de líderes de ambas razas en la toma de grandes decisiones; aparece con mucha frecuencia el líder carismático de "Jessie Jackson", a quien se podría definir como el otro ángel de la paz.

Hay un detalle muy importante y significativo que ocurrió por el año 66-67; y fue la protesta de rebeldía de "Carsius Clay", (Mohamed Ali)' en negarse a servir como militar voluntario para ir a la guerra de VietNam. Este alegaba que no se justificaba que fuera a combatir a una guerra injusta impuesta a ése país antojadizamente por intereses de la clase dominante; esto aunándose a la serie de problemas y protestas generalizadas, demostraban el deterioro de un sistema en decadencia. Definitivamente esta forma de gobierno tuvo que cambiar a consecuencia de las fuerzas de luchas internas que a diario continuaban ocurriendo en la nación y todo esto como consecuencia del inicio de la revolución de Kennedy.

A pesar de que estamos claros de que es indetenible el avance y desarrollo de estas dos razas, a consecuencia de el instinto de superación perenne y de liberación, impregnado por el movimiento de la revolución democrática de los años 60 , siempre aparecen residuos negativos y conspiradores impenitentes; por lo que debemos continuar preparados y conscientes de que ellos mantendrán las eternas intentonas de tramas esclavista, para volver a oprimir nuestras razas; las cuales tendrán que ser rechazadas de inmediato por toda la sociedad .

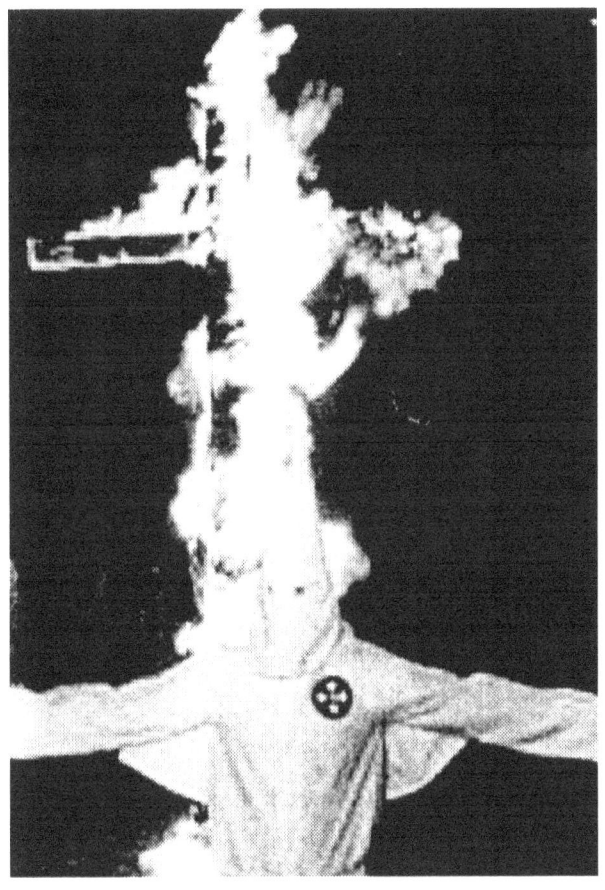

"Supremacía Blanca"

"REACCION DE LA ULTRA DERECHA"

En el año de 1993, hubo un ataque genocida contra una organización religiosa en la ciudad de Waco Texas; creo que no existían las condiciones ni las necesidades de llegar a estos extremos; pues con el simple acto de cortar el suministro de agua, los sublevados serían una presa fácil para rendirse. Nosotros tenemos que seguir luchando en contra de todo acto de violencia interior o exterior de esta nación.

La persona que tomo la decisión de enviar las tropas a tomar posesión del recinto en donde se encontraban los rebeldes religiosos fue la señora Janet Reno, a la cual le tengo una gran admiración y respeto, pero eso no indica que debo estar de acuerdo con la determinación que ella tomó en ese momento, pues a la postre en el hecho se perdieron vidas inocentes que con un poco prudencia y comedimiento, pudieron francamente haberse salvado. La misión de este libro es decir la verdad desnuda, a quien sea, aun esta figura merezca de nuestra simpatía y admiración. ¡Mi personal mensaje es muy claro!

En el año 1995 aparece otro loco racista nazi, que coloca una bomba en un edificio de la ciudad de Oklahoma; llamado Timothy Mcveigh, matando 169 inocentes. Este hecho abominable demuestra que todavía y a pesar de la derrota de los conservadores extremistas, aparecen los remanentes que quedan de una época tenebrosa y funesta, en vías ya de extinción.

En el año 1998-99 aparece con una propuesta de ley de exterminio contra los latinos, un personaje norteamericano retrógrado, y cuyas actitudes demuestran su afinidad y participación con los movimientos racistas y esclavistas, que mantienen todavía la falsa idea de que su sistema pueda volver algún día a tener vigencia. Nuevamente hago mención de éste nefasto personaje que obedece al nombre de Pete Wilson, quien propugnaba una ley repleta de adefesios extremistas en contra de una raza fundadora también de éste país; una de las pretensiones a las que aspiraba éste señor, entre otras disposiciones, proponía que los hijos de ilegales nacidos en éste país, no tendrían derecho a la nacionalidad norteamericana y además el impedimento de la legalización de todos los obreros agrícolas que honradamente laboraban en California y todos los demás estados.

Todos los personajes parecidos o semejantes a éste individuo, venidos de las entrañas más negativas, de los pocos residuos que se reflejan del pasado oscuro y quieran mantener la intención de sus propósitos nefastos, que dañan la imagen de esta nación, deben ser radicalmente exterminados de inmediato; para no darles así, ni siquiera la oportunidad de que falsamente en sus imaginaciones adefesicas puedan existir algunas oportunidades de recuperación del poder.

Si en definitiva queremos lograr todos nuestros objetivos y legar a nuestros hijos una patria libre de toda iniquidad, tenemos que actuar con manos duras en contra de todos los indicios que quieran surgir, que vengan a tener alguna semejanza con los viejos tiempos.

En el año 1999 en la pequeña ciudad de Colombine; acontece un hecho muy notorio; en una escuela de high school; un crimen cometido por dos adolescentes, que me ha dejado anonadado, boca abierta y perplejo. Los únicos motivos y razones que por lógica razonable pueden haber movido a estos dos muchachos, para llevar a cabo tan endemoniado acto, tienen que haber sido racistas, tienen que haber tenido algún maestro de esos que propugna todavía la fascista idea de la (Supremacía Blanca) y en consecuencia llevar a estos dos infelices adolescentes a cometer un acto de genocidio impenitente; así es que mucho ojo con este hecho desesperado de los ultra conservadores radicales.

Estos jovencitos, odiaban a sus compañeros, aun de su propia raza; de manera que lo que detecto en este hecho es que los motivos radicales que los llevaron a cometer semejante atrocidad vienen a consecuencia de un fanatismo enfermizo; fundamentado en una teoría sobre la supremacía blanca, que predican todavía en la actualidad, las viejas generaciones degeneradas que heredan las doctrinas de la ultra derecha radical, fascista y racista del ku klux klam, y que aplicaban con mucha naturalidad antes de que se llevara a cabo la revolución de Kennedy. Lo que me pone en estado de alerta roja, son estos actos desmedidos que todavía acontecen a estas alturas de juego, o sea al final del siglo XX, casi 40 años después de iniciada la ultima etapa libertaria y abolicionista en éste país.

¡Rancheros al Rescate!; este es otro grupo remanente, de los nefastos residuos que todavía intentan asustar a nuestras razas y por ende a la sociedad. En pleno siglo XX1; se mantienen con una actitud hostil, cobarde y degenerada en la frontera con Méjico en el estado de Arizona; armados hasta los dientes en zafarrancho de combate, portando armas de Guerra como si estuvieran defendiendo a éste país de una invasión armada.

Propugnando nueva vez la nefasta e inoperante (Supremacía Blanca), que tantas vidas inocentes ha costado a ésta nación. Como cazadores de venados, estos bastardos, asesinan sin misericordia a los inmigrantes de pelo negro, que actualmente intentan cruzar a éste país, con la idea de trabajar y contribuir con la economía de ésta nación; sin embargo para estos señores no hay justicia y el gobierno no les dice absolutamente nada. Una vez más, el poder oculto, del cual he hablado en diferentes ocasiones, intenta hacer de la suya.

Existe una relación directa, entre estos mercenarios apoyados y las conspiraciones de estado, que han sacudido en el pasado ha esta nación; además con la elección del nuevo y arrogante ultra derechista y racista gobernador de California; ojala me equivoque con las nefastas y tristes apreciaciones que tengo, en lo que se refiere a las imposiciones que serán aplicadas en contra de nuestras razas, durante este periodo de ultra derecha, que estamos viviendo.

Los remanentes extremistas que lastimosamente quedan en nuestra sociedad, no conciben en lo más mínimo, ni lo suponen dentro de la más remota idea; a pesar de todos los derechos adquiridos que por ley natural nos corresponden, y los logros alcanzados; ver a uno de nosotros en la casa blanca. Sus raíces de antaño heredada del exceso de poderes que mantuvieron por tantos años, los lleva a mantener esa falacia que todavía propugnan,   llamada "Supremacía

Blanca"; que no deja de ser mas que un solemne disparate. ¡La humanidad no resiste esto, de ninguna manera!

Ya dije en un párrafo anterior que el monstruo moribundo, da zarpazos desesperados, antes de perecer, por lo que debemos estar claros y alertas, como eternos vigilantes de la libertad lograda; que ha costado ya tanto sacrificio.

Hay que hacer notar, en el caso del genocidio nazi, que protagonizaron los adolescentes, es que en este hecho abominable, la mayoría de los caídos, fueron negros y latinos, pero además, incluyeron hasta norteamericanos blancos. El maleficio de la conspiración esclavista y racista, los lleva hasta la locura y cuando penetra en mentes jóvenes, suceden estos actos desorbitados, que no tienen ningún tipo de explicación lógica y lamentablemente son inocentes las víctimas de los extremismos. La bestia ha sido derrotada, aunque no se da por vencida y mantiene sus intenciones de golpear; cabe señalar que en estos momentos los indicios que da son muy peligrosos pues existe una incidencia maligna que se manifiesta en los adolescentes y a esto debemos ponerle muchísimo cuidado, pues cuando el mal crece en esas edades puede llegar a ser algo muy pernicioso. En la adolescencia cualquier enseñanza con malos principios, fácilmente se convierten en fanatismo. Ya han habido varios casos en menos de dos años, cosa muy curiosa que llama la atención a los sectores progresistas de la nación; vuelvo a repetir que "mucho ojo con estos casos suicidas de adolescentes adoctrinados por fascistas impenitentes".

Estados Unidos es una nación muy vulnerable pues siempre ha sido un país muy abierto a todo el mundo; muestra de ello es el hecho histórico, el cual queda demostrado en el acontecimiento imborrable e imperecedero de su fundación; esta fue cristalizada y hecha realidad por inmigrantes de todas partes del mundo; de manera que las personas que vengan de donde vengan y que amen la libertad sin humillaciones, ni racismos, deberán mantener un estado de alerta permanente, por el bien de ésta nación.

De todas maneras debemos estar preparados ahora y siempre, pues las conspiraciones continuarán, aunque la conquista de la verdadera libertad definitiva, no haya sido lograda aun en pleno siglo XX1 y contrariamente a nuestros deseos; de momento la tenemos solo parcialmente; falta camino por recorrer y este deberá ser cuidado permanentemente con mucho celo, sobre todo por parte de las razas que con anterioridad fueron vejadas; hasta lograr la ansiada libertad de manera definitiva; nunca deberemos descuidar los logros alcanzados ya que estos han costado tanto sacrificio.

El titulo de esta obra ha sido meditado por mi durante muchos años; pues al llevar un mensaje de enseñanza a las nuevas y futuras generaciones, quiere poner muy claro que se refiere al temor específico de una clase que dominó éste país y que aunque este viviendo los efectos de sus negativas causas, aun no se resigna a mantener una postura normal y civilizada.

"LA JUSTICIA"

El tema al cual me voy a referir, es muy delicado por cierto; se trata de la interpretación de la jurisprudencia en lo que se refiere a la aplicación de la justicia y en lo que considero éste país no esta actuando correctamente. Desde que tuve uso de razón, escuche decir que en éste país se aplicaba la justicia con equidad; pero lamentablemente los hechos me demuestran lo contrario. Vamos a poner de ejemplo el caso de O. J. Simplón. Este señor, que por cierto gozaba de fama y simpatía popular, a consecuencia de su trayectoria como deportista; cometió un asesinato burdo y asqueroso; sin embargo fue declarado inocente, sin más ni más, a consecuencia de las cualidades y talentos deportivos, anteriormente mencionadas y sobre todo el dinero que tenía para invertir en buenos abogados.

Nosotros en esta sociedad, no podremos admitir nunca, bajo ningún concepto, que la justicia en éste país, se continúe aplicando de una manera tan grotesca, en la cual, falsamente se siga demostrando que por el hecho o circunstancia de que una persona tenga poderes económicos, se le conceda una licencia para matar impunemente. Lamentablemente existe en nuestra sociedad una influencia predominante que se muestra a través del poder del dinero; cosa que ha sido imposible vencer. ¡La fuerza es la plaga que al mundo corrompe, que todo lo daña, que todo lo rompe! Esto es casi una máxima filosófica.

Salomón decía (Yo soy la inteligencia, mío es el poder); los hombres hemos cambiado tanto, que el poder de la sabiduría ha pasado a manos del dinero. ¡Aunque no puedo hacer nada al respecto, para cambiar el sistema jurídico del mundo y sobre todo el que se rige todavía a nuestra sociedad; es mi deber hacer saber lo que pienso a través de estas emotivas y sinceras páginas!. Como también es mi deber, enfatizar sobre este tema y decir que en definitiva el sistema judicial, influenciado por los intereses económicos y dirigido por el ya mencionado (Poder Oculto); no se cuando, pero algún día tendrá que cambiar y nosotros debemos mantenernos a la vanguardia de esta conquista, en donde los tribunales aplicarían la justicia, basándose en el derecho natural y eliminando las iniquidades que continuamente encubren los poderes ocultos que se mantienen actuando bajo la sombra de la impunidad, en ésta sociedad.

Las cárceles siguen llenas de hombres pobres, regularmente los jueces y policías se venden a los poderosos. Si el acusado del caso O. J. Simpson hubiera sido un ciudadano común, estoy plenamente seguro de que hubiese sido declarado culpable y muy probablemente sentenciado a la pena máxima. Este asesinato abominable, quedará impune, así como han quedado muchos inconados más; a consecuencia de la fuerza que posee el poder económico, que continúa dirigiendo con la indebida iniquidad. ¡La anhelada y auténtica justicia, no llega nunca!

Yo tengo en mí haber cuatro años de estudio de derecho en una universidad de mi país, y lamentablemente a diferencia de los libros de texto del derecho penal, éste en la práctica es muy diferente. Cuando estamos dentro de los centros académicos, estudiando los bellos tomos que explican los cánones de derecho natural, nos emocionamos al aprender de la filosofía de los grandes maestros, pero al interpretar el derecho en la práctica y lo aplicamos a la justicia en los tribunales, esto cambia radicalmente. La justicia en la practica, viene a ser una ¡Utopía!, es casi imposible hacerla realidad, sobre todo mientras existan las ambiciones, las vanidades humanas y el peor de todos, el señor dinero; pero de todas maneras, las masas desposeídas y maltratadas, tienen que mantenerse unidas como un solo hombre, para que por lo menos no se continúe aplicando con tantos descaros y preferencias.

Que se aplique la ley como les de la gana en diferentes países del mundo, pasa desapercibido, pero que suceda en Estados Unidos, que es el símbolo, es la meca, es el ideal de mas de medio globo de la tierra, es inconcebible; de manera que debemos dar el ejemplo de lo que somos; la primera democracia del mundo, sinónimo de justicia, libertad y progreso para todos; por tanto debemos ser un ejemplo de que éste es el único y verdadero sueño americano, tan deseado por todos.

"LAS DROGAS"

No quiero concluir éste libro, sin tratar el lesivo y permanente flagelo de los estupefacientes que roen a nuestra sociedad y sobre todo a nuestra juventud. Hay algo que he criticado durante el tiempo en el cual he estado residiendo legalmente en ésta nación, es la falta de calor humano en que vivimos.

No se si el sistema de una sociedad de consumo en un país súper desarrollado, nos lleva a vivir de una manera tan extraña en la cual no existen ni siquiera los vecinos; de manera que tu puedes vivir dos, tres, cuatro años al lado de alguien y algo muy curioso sucede, que casi nunca tu sabes quienes son las personas que viven a tu lado izquierdo o derecho, y en un alto porcentaje, estas personas no se enteran siquiera como tu te llamas. ¡Que ironía, pero así no nos educaron en nuestros pueblos!

Existen en nuestra sociedad, altos porcentajes de parejas, que apenas pueden verse durante los días de semana, pues el esposo trabaja de noche y la esposa de día. Cuando el niño está muy pequeño, la madre se lo entrega a una custodia o babysister y posteriormente cuando éste inicia sus estudios primarios, regularmente cuando se va a la escuela ya el padre que trabajó por la noche se ha acostado y la madre se ha ido a trabajar. Al salir de la escuela y llegar a su casa, ésta regularmente se encuentra sola; hora inmediata en que los pequeños encienden el televisor; posteriormente llega la madre muy cansada del trabajo, muy probablemente sin deseos de ayudar a nadie en hacer tareas (homework). ¡Aquí se inicia el mal, en donde prácticamente los hijos comienzan a crecer sin el verdadero calor de los padres! Ahí se encuentra en principio el grave problema. La soledad, unida a la inmadurez, las cuales regularmente vienen acompañadas por la ociosidad; todas en este caso, muy peligrosas para la niñez y sobre todo la pubertad posterior, la cual como sabemos, es una edad en donde se manifiestan momentos y circunstancias muy difíciles de nuestras vidas, pues existen en ella muchas indecisiones que vienen a consecuencia del cambio biológico que naturalmente sufre el humano. ¡Es precisamente cuando más necesidad de calor paterno y sobre todo de orientación, que requiere ésa juventud! Sin embargo, debido a las circunstancias que rodean nuestra sociedad, esta juventud, que son el futuro de la patria; se siente muchas veces desorientada a consecuencia de esa falta de comunicación.

La falta de comunicación de los padres con sus hijos; la facilidad de conseguir dinero de los jóvenes para adquirir cualquier cosa a su antojo, la libertad excesiva del ambiente que les rodea y la cantidad de informaciones que tiene un joven a su alcance, ya sean, buenas o malas, adjuntas a la poca experiencia y la poca edad , aparte de la mínima comunicación que existe entre padres e hijos, llevan a estas nuevas generaciones a cometer errores y caer fácilmente en el laberinto y flagelo de las drogas.

En la época en que yo fui adolescente, durante la década de los años 60, la situación era muy diferente, había un poco más de comunicación directa entre padres e hijos, e inclusive las amistades de nuestros padres tenían parcialmente cierta autoridad y derecho de corregirnos en caso de vernos en posibles actos que intentaran violar las reglas establecidas. ¡Lamentablemente todas estas viejas, pero muy buenas costumbres han desaparecido!

Tengo el grandísimo temor de que nuestra sociedad, de continuar en esta acelerada trayectoria, caiga en un incontrolable estado de extremos y depresiones, que venga a dar al traste con una serie de hechos perjudiciales, para nuestro país y las generaciones venideras.

Ahora bien: ¿Que debemos nosotros hacer en estos momentos en que las drogas amenazan a nuestra sociedad, teniendo en cuenta las pocas cosas que he mencionado anteriormente? Lo primero es por todos los medios tratar de dar más calor a nuestros hijos, que son el futuro de la patria, y sobre todo tener mayor comunicación con ellos. En este aspecto, este último es el más importante. Esta sociedad no puede ni debe continuar alimentando a los pioneros de ella, con esta cantidad innumerada de costumbres y hábitos mal empleados, que solo van en detrimento de nuestros hijos y en consecuencia al futuro inmediato de ésta nación.

"LA COMUNICACION FAMILIAR"

Tengo un hijo de 18 años y desde el momento en que nació, ha sido mi mejor amigo y recíprocamente yo vengo a ser el mejor amigo y consejero de éste; nos tratamos como dos viejos camaradas, existe entre él y yo una compenetración y confianza, hasta para el tratarme sus más íntimas relaciones muy detalladamente. ¿Te pregunto distinguido lector? : ¿Crees tu que con una comunicación y relación tan estrecha entre un padre y un hijo, como la que existe entre mi gran amigo y yo, podría en algún momento de la vida adolescente de éste, penetrar la influencia de las drogas?…Dúdolo mucho. En estos momentos mi adorado hijo es un atleta que práctica Baseball casi todos los días.

Los resultados positivos que tiene en su haber, la vida de éste gran amigo mío, se deben primordialmente a la comunicación constante que ha existido entre ambos, y se ha ido creando en él, una especie de escudo de protección en contra de toda intentona siquiera de perversión y vicio.

¡Este ha sido el premio más grande que me ha dado Dios en toda mi existencia! Ha sido la recompensa que he recibido como premio, a consecuencia de la dedicación plena que le he profesado continuamente a esta criatura, que yo tan dulcemente engendré.

Hago referencia de esto porque considero pertinente, plasmarlo en estas páginas como un ejemplo a tratar para el conocimiento público; acerca de la falta de comunicación y calor entre padres e hijos; esto lo hago porque en mi caso estoy viendo el fruto de esta relación tan positiva, productiva y satisfactoria. A lo que quiero llegar y pongo como ejemplo, es que cuando existe una relación unida entre estas dos partes, difícilmente pueda intervenir algo pernicioso, negativo y perjudicial que pueda dividir en algún momento la familia.

Nosotros, somos los llamados a dirigir por el buen camino y las buenas costumbres a nuestros engendros; y a nuestras razas luchadoras nos corresponde la responsabilidad de continuar avanzando hacia un futuro inmediato, por el bien de los nuestros, dando un ejemplo de moral con dignidad; de manera que el desafío a las drogas, a quienes les corresponde vencer es primordialmente a las clases desposeídas, que en este caso somos los latinos y los negros; para así una vez más dar ejemplos de superación al mundo. ¡La única forma posible, en que un pueblo logra su definitiva liberación, es a través de la sabiduría, unida a la moral y las buenas costumbres!

Después del paréntesis que hice, haciendo referencia de los delicados casos de las drogas y la justicia en nuestro país, vuelvo al tema fundamental de nuestra obra y regreso de inmediato a sus orígenes que son lo de la esclavitud, el racismo, los logros adquiridos a través de los derechos conquistados por nuestras razas, y abundando concomitantemente con la mayor claridad, sobre el temor que ha venido creciendo paulatinamente dentro de las clases poderosas y que han tenido que admitir el triunfo de estas dos razas, el cual viene a ser a la postre el triunfo de la humanidad. No debemos olvidar que ¡El Poder Oculto!, se mantiene vigente, tratando de encubrir las iniquidades que propician los poderosos, y que cada cierto tiempo vuelven a dar asomos, de permanentes peligros para nosotros.

De todas maneras y a pesar de los inconvenientes que hemos tenido que seguir venciendo, y sobre todo, que el flagelo de la extrema derecha conservadora, no ha desaparecido por completo, pues da muestras de vez en cuando con sus demostraciones deplorables de que aun respire. Nuestras razas han seguido demostrando en forma palpable de que nuestras capacidades y deseos de victorias consecutivas son indetenibles y nada ni nadie nos va atemorizar.

¡Que sepan los recalcitrantes en vías de extinción que ni nosotros, ni nuestros descendientes, van a detener su crecimiento y desarrollo rumbo al logro de su definitiva libertad y mucho menos van a permitir que cualquier intentona de golpe en contra de los logros alcanzados, pueda remotamente obtener siquiera, algún ápice de posibilidad de triunfo!

"UN CAMBIO RADICAL"

Durante la última comparecencia de Bill Clinton, ante el congreso en el año 2000, haciendo un resumen de los últimos logros y trabajos realizados en su administración, me quede perplejo al ver que estaba allí sentado al lado de las dos primeras damas de la nación, una figura deportiva que goza de tener mucha popularidad; quien reúne en su persona las características de las dos razas que yo defiendo con claridad en ésta obra; se trataba de "Sammy Sosa";un negro y latino a la vez, quien fuera invitado especial de el presidente.

Aquí aparece una muestra palpable de las conquistas adquiridas por nosotros. La lógica adjunta al derecho inalienable del ser humano, conjuntamente con los logros conquistados a consecuencia de nuestra lucha indetenible, inspirada por Kennedy, Luther King y otros, nos ha dado la razón. ¿Quien iba a decir 40 años atrás que íbamos a ver esto? Increíble verdad. Los logros adquiridos son una realidad, aunque nos sorprenda una situación que antes no concebíamos.

No existe nada sobre la tierra, por lejano que se vea, que no pueda ser conquistado por el hombre, cuando éste se lo propone, y una muestra palpable de esto, es el caso de las conquistas logradas por nuestras razas.

La esclavitud que se mantuvo vigente desde siglos, aun después de la resurrección de la revolución de Lincoln y que en definitiva no se le dio inicio a su desaparición, hasta la instauración en la casa blanca, cien años después, con el gobierno de Kennedy; fue indescriptible y se consideraban casi imposibles; los logros conquistados ya en la actualidad. ¡Lo importante no es ser campeón, sino de que manera te vas a mantener siéndolo; es nuestro deber, celosamente cuidar lo conquistado, para con todo el orgullo del mundo y de forma definitiva, conservar la corona que hoy poseemos!

Los candidatos presidenciales en estos momentos del siglo XXI, ya hacen parte de sus campañas proselitistas en el idioma español, y en una de las últimas intervenciones públicas del presidente Clinton, antes de entregar el poder, dijo que él sería el último presidente de éste país que no hablaría el idioma de los castellano. ¿Que les parece a mis distinguidos lectores, lo que hemos logrado en tan poco tiempo, a consecuencia de la lucha y sacrificio de titanes y mártires que iniciaron este movimiento, que en definitiva y a la postre, cumplirá con los sueños iniciales de grandes hombres, como fueron los Martín Luther King?

La propuesta de (Ingles Only), esta en estos momentos en pleno deterioro, o sea que a mi perecer tiende a desaparecer, pues ya están sobre la mesa los indicios y más que eso la aceptación de que en éste país aunque prevalezca el ingles como lengua principal no pueden impedir la fuerza indetenible de lo que ya no es una minoría, nuestro idioma.

Vuelvo a insistir de que hay que erradicar por completo todos los vestigios y residuos que quedan, hay que eliminar los cazadores racistas de la frontera con Méjico, tenemos que arrancar de cuajo, los nazi como Mcveigh, y todos los actos extremistas que vengan de estos sectores y sobre todo actos provenientes de cualquier gobierno que intente contra los intereses y dignidades de las razas.

El "kkk", prácticamente ha desaparecido, aunque no por completo todavía, ya no se reúnen con tanta frecuencia hacer sus shows de prepotencia y poder obsoleto que a la postre no tendrá vigencia. Existe un viejo adagio español que reza así: "La serpiente se mata por la cabeza", esto quiere decir que con estas organizaciones en vías de extinción; cuantas veces muestren indicios de vida, debemos caerles encima con toda la enjundia y poder a nuestro alcance para rematarle definitivamente como lo que verdaderamente son; víboras venenosas.

¡Que lleguen a borrarse de tal manera, que las generaciones futuras las conozcan a través de la historia, como flagelos muy funestos que pasaron como plagas malignas, que fueron erradicadas para siempre de nuestra sociedad, y que no volverán acercarse ni con intenciones de asomo, por éste país!

Ahora bien, ya hemos logrado una serie de conquistas, una serie de derechos, por los cuales hemos venido luchando por años, entonces vamos hablar y analizar cuales son las metas que debemos trazarnos para conquistar algo que nos pertenece. ¡Un derecho que nos asiste!

Tanto la raza negra como la latina, merecen el poder, y no debemos bajar la guardia en nuestra lucha hasta no ver en la casa blanca uno de los nuestros; porque mientras nosotros no estemos involucrados en todos los medios del poder de este imperio, o sea congreso, cámara alta, cámara baja, jurisprudencia, medios de comunicación y poder ejecutivo, no podremos cantar victoria plena.

Para completar los ideales de Luther King y Kennedy, debemos estudiar con todo el deseo y fuerza de nuestras vidas, debemos dar ejemplos significativos de moral y educación a nuestros hijos, pues este debe ser el legado que vamos a incrementar en ellos por su bien y el futuro de la patria.

¡Hemos venido como inmigrantes a éste país, pero ya nuestra descendencia, ha nacido, ha crecido, se ha educado y ha engendrado una segunda, tercera o cuarta generación; de manera que los que vienen de nosotros, ni siquiera conocen bien donde nacimos, por lo tanto su lucha y hasta sus raíces están fundamentadas aquí!

"EL TERRORISMO"

El día 11 de septiembre del 2001, hace ya dos años sucedió un hecho abominable de terrorismo en la ciudad de Nueva York, algo que mis ojos jamás pensaron ver, ni siquiera la imaginación me daba, que en algún momento de mi existencia pudiera ser real; un hecho desastroso, en el cual perdieron la vida, de acuerdo a lo que dicen las noticias, cerca de 3,000 personas inocentes; cosa que creo, esas cifras fueron reducidas, o sea mi opinión y tomando en cuenta la capacidad de alojamiento que tenían para empleados y visitantes estos dos edificios, y además era un día laborable, me da la impresión real, de que fueron muchos más los inocentes caídos.

Debemos luchar por todos los medios para que acontecimientos con este grado de fatalidad no vuelvan a suceder; y lo primero que debemos hacer, si queremos nuestro país, es averiguar con muchos detalles, porque suceden estas cosas, cuales son las causas que motivan estos diabólicos actos y para ello, debemos indagar a fondo, que viene pasando en el mundo de 50 o 60 años para acá. ¿Son realmente efectos de las envidias aludidas que les tienen los eternos enemigos de éste país? ¿O es que venimos permitiendo actos inicuos en contra de pueblos, que como Palestina, vienen siendo golpeados sistemáticamente y en consecuencia de esto, vienen a ser víctimas del poder excesivo de un país como Israel?

En un párrafo anterior, hablo por pura casualidad de la vulnerabilidad de éste país, y parece como si fuese yo adivino o tuviese presentimientos privilegiados, cuando hablaba de este tema en los inicios de esta obra, y fatalmente vemos lo que acaba de acontecer.

Este país tiene por todos los medios que ser más cauteloso, de lo contrario seguirá siendo víctima de las maquinaciones de grupos fanáticos extremistas. Lamentablemente no veo la forma lógica en que esta nación pueda llegar a ser menos vulnerable, pues desde su fundación vuelvo a repetir ha sido abierto a todas las nacionalidades del mundo; de manera que de la única forma en que podemos reducir los ataques a mansalva de parte de los fanáticos dolidos, es siendo ante los ojos del mundo, más ecuánimes en todas nuestras actuaciones. Nos confiamos en extremos y estamos sufriendo las consecuencias, por lo tanto debemos actuar a partir de esta fecha con toda prudencia y sin arrogancia, que se encuentre a nuestro alcance.

El gobierno norteamericano, no es infalible, y de algún modo al parcializarse con el estado de Israel y favorecer declaradamente a éste, en su guerra milenaria que llevan a cabo contra los Árabes, ha incrementado, ha aupado más la división en estas dos razas; se ha fermentado y ha ido creciendo el odio de estos últimos, inconscientemente hacia la imagen de lo que para ellos es el monstruo del imperio americano.

Los extremistas del terror, que no son más que una minoría en estos pueblos, saben y han capitalizado, aprovechándose del dolor y el sentimiento de ocupación, con la desigualdad de la lucha, contra Israel; creando una imagen de injusticia ante sus masas populares inconscientes, proporcionada por nosotros para con ellos, de manera que han fomentado un mal que incrementan en estos pueblos, desde la niñez.

Cuando el fanatismo se mezcla con las ideologías religiosas, lleva a las facciones extremistas a cometer actos descabellados que lamentablemente terminan con el sacrificio de miles de inocentes. Esto lo vemos con hechos históricos del pasado, por ejemplo los famosos "Kamikaze", del Japón durante la segunda guerra mundial; estos mantenían la teoría de que el soldado que moría luchando por su patria, lograba directamente ganarse la gracia de Dios para su alma.

Ahora acabamos de ser testigos oculares a través de la TV, de un acto suicida, que merece mucho estudio y prevención futura, pues me atrevo a pronosticar, que con el antiamericanismo incrementado en esas sociedades, y ojalá me equivoque, van a continuar estos actos esporádicos de barbarie y en diferentes partes del mundo.

Este hecho les da a los terroristas organizados un estímulo, en su ego personal, pues el golpe que produjeron fue en los dos símbolos de mayor significación del país más poderoso del universo. O sea que este acto desesperado y enfermizo, los estimula a continuar.

Debemos esperar lo peor, por lo tanto tenemos que estar preparados, y prevenidos contra nuevas intentonas, pues a partir de esta fecha van a continuar sus agresiones. ¡Tenemos que tener en cuenta que nadie, absolutamente nadie, había golpeado a éste país y mucho menos de una manera tan significativa!

Inglaterra fue un imperio que gobernó media tierra, y fue cediendo ante la demanda del mundo. Yo creo que Estados Unidos tiene que actuar de inmediato para conseguir a los culpables, pero también tiene que cambiar su política internacional, y no intervenir en los problemas que tienen otras naciones; tan directa y parcializadamente.

Estados Unidos es el país más poderoso del universo, pero debe dejar a un lado un poco de arrogancia, ante los más pequeños, y sobre todo debe abandonar su parcialidad desmedida, con algunos aliados como Israel.

Como superpotencia representante y símbolo de la democracia en el mundo, debe actuar como conciliador y juez imparcial en conflictos, sobre todo con orígenes étnicos y religiosos. Que como ejemplo, pongo el caso específico que continua indefinida e interminablemente sucediendo, entre el pueblo judío y los árabes.

"LA PRENSA LATINA"

Observando con imparcialidad las actitudes de los medios informativos, quiero decir que noto mucha inconsciencia periodística, agitando permanentemente a través de los medios de comunicación y azuzando al país para que este se lance a una guerra descabellada contra cualquier pueblo árabe, sin tomar en cuenta las consecuencias fatales que pueda tener en la humanidad; con el único propósito de lograr objetivos comerciales que los llevan adquirir beneficios de carácter pecuniario y a la vez atraer la audiencia pública, la cual atemorizada por la cantidad exorbitante de informaciones, acude a estos medios buscando un aliciente, para así lograr su tranquilidad.

Los comunicadores sociales, que son las personas que han decidido tomar como profesión, la información, ya sea por vía de radio, TV, o escribiendo a través de la prensa, deben mantener una postura ecuánime y conciliadora; a pesar de que muy contrariamente se observa, que existen en nuestros medios de comunicación, sobre todo en el área latina, una postura y que a simple vista se nota, el deseo de ver una actitud hostil de parte de éste país, con quien sea y sin medir las consecuencias; con tal de lograr una primicia exclusiva y así mantener en ascuas a la población.

Después de los lamentables hechos del 11 de Septiembre, fue cuando realmente me vine a dar cuenta, cuan agitadores perniciosos son ciertos medios de comunicación en éste país. Programas de radio y televisión, que a partir de esa fecha, iniciaron una permanente y pertinaz presentación constante de esos hechos de dolor, que consternaron a ésta nación; con el malsano propósito de mantener un primer lugar en la audiencia, sin importarles siquiera, cuales podrían ser las consecuencias inclusive en la salud de la población. Los actos criminales de septiembre 11 fueron condenados por el mundo entero; no había razón justificada para llevar a cabo un acto tan detestable, que costara la vida de tantos inocentes; pero ese hecho, no justifica que una serie de capitalistas poderosos que dirigen los medios de comunicación en éste país, se aprovechen del dolor popular para hacer más dólares. ¡Esto también es un crimen, en contra de la humanidad!

El indebido propósito hasta asqueante, de mantener un reitin en primer lugar de sus respectivos programas, cueste lo que cueste, o sea sin importarles el dolor de las familias de los caídos, y mantienen premeditadamente estos programas en un primer lugar, con tal de lograr su malsano y nauseabundo propósito, interesados todos por alcanzar su objetivo principal, el cual lleva el nombre de maldita moneda.

Por otra parte mantienen viva la llama de la agitación, para así lograr su objetivo y de esta forma mantienen a toda nuestra sociedad en ascuas permanentes.

Desde que encendías el televisor, preconizadamente te encontrabas con programas muy tristes y novelescos con varias horas de duración, que revivían la llama del dolor a todos los que veíamos estos. Pero el único propósito era mantener el primer lugar en busca del ya famoso reitin del mercado de la pantalla chica. No creo que bajo ningún concepto existiera un sentimiento real de dolor en el corazón de los productores de estos programas.

De acuerdo a las encuestas que se realizaron, ya a los treinta días de este desastre, toda la población de éste país, se sentía cansada de tantas propagandas radiales y televisadas; sin embargo los productores y directores de programas y enfáticamente los latinos que son los que yo conozco y a la casta a la cual yo pertenezco, continuaban con su obsesión enfermiza de ser más papitas que el mismo Papa; emitiendo como lanzas de fuego, noticias sensacionalístas permanentemente, aunque estas fueran a costa del dolor ajeno. ¿Que les parece a ustedes este escarnio?

Estoy plenamente de acuerdo, en que nosotros los latinos que vivimos en éste país, debemos defender a como de lugar y como lo hemos hecho en distintas ocasiones anteriores, los intereses y la soberanía de ésta nación; pero bajo ningún concepto debemos permitir que la pasión se sobreponga a la razón, por tanto no podemos echar mas leña al fuego, en momentos en que se están tomando decisiones trascendentales en ésta nación. Este no es el momento de nosotros poner barreras en medio de la desgracia, muy por el contrario debemos construir puentes de unión para la paz del mundo. En este caso específico debemos emitir constantes mensajes de amor, de conciliación, y dar ejemplos al mundo de que somos inteligentes y por tal razón, nunca seríamos capaces de llegar al "Ojo por ojo y diente por diente"; a pesar de que por todos los medios debemos exigir justicia, pero bajo ningún concepto la venganza.

Si Ronald Regan, antes del término de la guerra fría, se hubiese llevado de los presagios y augurios de los eternos pesimistas de extrema derecha, muy probablemente no se hubiese logrado la paz, ni tampoco la caída del imperio soviético; que se presentaba en esos momentos como el enemigo y peligro numero uno que tenía ésta nación, pero la astucia e inteligencia dieron al traste con las garantías suficientes que evitaron una catástrofe a nivel mundial.

De nuevo vuelve la prensa internacional, a sus viejas andanzas y costumbres oportunistas, en busca de fortuna desmedida, sin importarle las consecuencias; entrando de nuevo a una tragicomedia convencional y presentando una nueva serie de televisión en busca de audiencia, llamada ¡Bombardeo de Bagdad! Como cristiano imparcial que soy, sin dejarme arrastrar por la pasión, no puedo negar que sentí congoja y tristeza infinita, al ver como se televisaba el genocidio en contra de un pueblo indefenso, en donde se destruían sin misericordia, hasta patrimonios de la humanidad; con la justificación inconcebible por la lógica natural, de que se estaba buscando la caída de un dictador.

¡No estoy ni estaré jamás de acuerdo, con explicación alguna, que justifique el sacrificio de inocentes, para lograr fines económicos! La prensa internacional, servil a los designios antojadizos de un hombre, en estos momentos muestra regocijo y celebración, al contemplar actos de barbarie.

Parece mentira, pero la guerra sobre todo cuando se realiza de forma desigual, viene a ser en consecuencia y basándose en el sacrificio de los vencidos, la diversión televisada de los medios de comunicación que representan el poder de los vencedores. La tragicomedia continua; y lo llamo así, porque en ninguno de estos medios existe auténtica sinceridad, al emitir noticias sensacionalistas que solo persiguen poderes monetarios. El escarnio que se muestra con sonrisas sarcásticas que produce la corrupción del poder excesivo, no puede ser sincero y mucho menos auténtico. ¡SOLO EL SOL INMUTABLE DE SU GLORIA, DEMUESTRA SU SERENA DESNUDEZ!

IRAK: DECISIÓN PRECIPITADA.

Cuando las tropas de Saddam Husseim, fueron echadas y derrotadas, por las fuerzas aliadas desde Kwait, en el año de 1992; época en que gobernaba este país, el señor George Bush padre; quien dirigió las fuerzas militares fue el General Schwarkoff; quien le solicitó de inmediato al presidente, que le diera permiso para entrar a Bagdad, y de esta forma eliminar, de una vez por todas al dictador de Irak.

Me da la impresión de que el presidente Bush padre, teniendo mas experiencias vividas, como militar que participó durante la segunda guerra, actuó con mayor habilidad e inteligencia que su hijo; al contestarle estas palabras sabias al general: ¡Para nosotros es fácil, tomar Bagdad, pero lo difícil es poder salir honorablemente!.

Hablo de palabras sabias, porque al día de hoy, salen a relucir como enseñanzas bíblicas, las experiencias pronosticadas, por este viejo lobo guerrero y que por alguna razón las aplicó, en ese momento bélico, en el que participaba éste país.

La decisión precipitada, e indisciplinada, tomada independientemente y en contra de la votación casi unánime de las Naciones Unidas; en donde el señor Koffi Annan, secretario general de esa organización, debió renunciar honorablemente como se lo exigía en ese trascendental momento, la etiqueta del cargo que desempeñaba, después de haber hecho el ridículo papel de un muñeco o marioneta de trapo; y que tomo George Bush, imperativa e independientemente de invadir a Irak, con las ambiguas alegaciones de que allí existían unas supuestas armas de destrucción masiva. ¡Ha llevado a este país, a poner en riesgo de descrédito el nombre de sus gloriosas fuerzas armadas!

Los permanentes y sistemáticos ataques, que proporcionan las hordas clandestinas, de Saddam, a las tropas norteamericanas, están haciendo un efecto tan inminente, que han comenzado a llegar noticias de hechos de suicidio, dentro de las fuerzas militares de éste país, que hoy se han convertido en invasoras.

¿Como van a salir honorablemente de Irak las tropas americanas? De acuerdo a las noticias al día de hoy, ya Saddam Husseim, fue apresado. George W. Bush ha dedicado empecinadamente la mayor parte de sus esfuerzos antiterrorista a que estos sean enfocados hacia Irak; mientras en estos momentos, ya no se habla casi nada de la figura de Ozama Bin Laden. Creo que si esta situación, no se define en poco tiempo, la reelección de Bush, será muy difícil de lograr. Este pueblo no quiere la guerra, aunque siga siendo azuzado constantemente por los medios de comunicación, quienes mantienen en ascuas a esta sociedad

La invasión precipitada a Irak, tendrá inevitablemente consecuencias de muy mal gusto para éste país. Las muertes injustificadas de inocentes de allá y de soldados nuestros, también inocentes de acá, tienden a cansar a la sociedad que no quiere la guerra, y en poco tiempo veremos los resultados que se demostrarán en las elecciones presidenciales venideras.

Hace dos años que sucedió el abominable hecho del 11 de septiembre; y a partir de esa fecha, todos los días aparece una supuesta trama terrorista, anunciada en la televisión y medios de comunicaciones. Contrariamente a todas estas informaciones, que no se de donde salen; no sucede nada. Ya este pueblo se encuentra a niveles casi de desesperación, a consecuencia de esta novela que no termina, que yo he denominado tragicomedia, pues desde la fecha tenebrosa ya mencionada, al día de hoy, aquí no ha sonado un cohete chino de navidad siquiera. Todo esto es política reeleccioncita, el presidente se ha enamorado del poder. ¿Que podremos hacer?

El mantener a ésta sociedad en un estado de incertidumbre nerviosa y permanente, no le dará ningún resultado positivo a los creadores reeleccionistas que promulgan en falsedad estas noticias, que a la postre terminarán enfermando a un alto porcentaje de nuestra población.

Aquí aparecen asomos nuevamente de mantener a éste país bajo la sombra de lo que yo he llamado La Sociedad Temerosa; que no es más que el deseo impenitente de los ultra derechistas conservadores. El país se encuentra en un estado de guerra, provocada precipitadamente por este gobierno. Se suponía que con la caída de Saddam, la economía se repondría de inmediato; sin embargo, el desempleo continúa de manera ascendente, al igual que el costo de la vida.

Bill Clinton, ganó de forma abrumadora su reelección y Al Gord, también ganó por votos populares. ¿Pero saben ustedes a consecuencia de que paso esto? Durante los dos períodos presidenciales de éste demócrata, la economía de éste país se mantuvo en la cima, incrementando fuentes de trabajo y sobre todo, debo destacar que Estados Unidos no participó en ningún conflicto bélico de trascendencia y mucho menos provocado. A ningún pueblo le gusta la guerra y nuestro actual presidente, el cual fue impuesto en el cargo que hoy ostenta, a través de una artimaña política que no logramos entender, está demostrando que todo se debe resolver con un fusil en las manos. En tres años de gobierno, que tiene el Sr.Bush en la casa blanca, nos hemos buscado una cantidad indeterminada de nuevos enemigos declarados.

Tenemos problemas con Corea del Norte; queremos amedrentar a Irán; a la China Comunista quisimos meterle miedo con el caso del avión espía; bombardeamos a Bagdad sin razones justificadas y en contra de la opinión mundial, pues las ya famosas Naciones Unidas, voto abrumadoramente en contra de la decisión imperativa de éste presidente, quien fuera aupado por Collin Power. Esta es la fecha en que las armas de destrucción masiva todavía no aparecen, ni aparecerán; sin embargo esta ultima decisión fue tomada a costa de la perdida de miles de vidas inocentes; y por ultimo estamos amedrentando con negarles ayudas económicas a todas las naciones que como Francia, no estuvieron de acuerdo en apoyar con hipócritas firmas, la precipitada invasión en contra de Irak.

La población civil de éste país no soporta más cuentos; lo que sucede aquí es que este pueblo respeta por sobre todas las cosas las decisiones que tome cualquier presidente de turno, aunque posteriormente le muestre su rechazo en las urnas en las siguientes consultas electorales; de manera que como van los acontecimientos diarios relacionados con las caídas de tantos muchachos inocentes que pertenecen al ejercito de ésta nación; masivamente éste pueblo deberá rechazar en la elecciones próximas del 2004, el mantenimiento injustificado de esta guerra sin razón y la continuidad en el poder de; George W.Bush.

Hoy 19 de enero se esta celebrando en toda la nación el día de Martín Luther King; fecha de conmemoración del natalicio de un patriota inmenso; setenta y cinco años de su nacimiento. Coincidencialmente estoy dando término a esta obra, que siguiendo los ideales de libertad plena y decorada por la paz que soñara éste gran hombre y creyendo firmemente de que ya es tiempo de su realización, enmendamos votos a Dios, para que ilumine a todos los dirigentes de esta nación, con el propósito de que terminen de una vez y para siempre, todos los conflictos bélicos internacionales y sea erradicado el flagelo del falso terrorismo que hoy mantiene en ascuas de incertidumbre a este pueblo.

No se si he sido con esta pequeña obra, muy explicito, o un intelectual deseado y no encontrado por el lector, pero estoy agradecido de Dios, por haberme dado una pequeña iluminación ,decisión, deseo de escribir y plasmar en estas cortas páginas un mensaje de conocimiento y aliento para nuestras razas y nuestro pueblo; con el único objetivo de mantener nuestra libertad y la protección para las futuras generaciones que han de conservar el ejemplo brillante de esta nación, por el bien de la humanidad. Espero haber cumplido, con un deber sagrado, al dejar estas cortas páginas, con la idea de que con ellas se contribuya a la superación de nuestras futuras generaciones y la protección de nuestras golpeadas razas. ¡Hoy ya casi liberadas!

Miguel Rodolfo Sosa Ravelo,
Enero 19, 2004. 6:00 A.M.

MIGUEL SOSA

Autor Naeido el 7 de Enero de 1944.
Republica Dominicana.

ACERCA DEL AUTOR

MIGUEL RODOLFO SOSA RAVELO, nacido en República Dominicana. Fué estudiante de la Universidad Mundial de la Facultad de Filosofia y Letras por cuatro años en su país. Desde muy joven se interesó en los problemas sociales y políticos de su nación y ha mantenido durante toda su vida la pasión por el estudio y el análisis de los problemas socio políticos y económicos de la humanidad y muy específicamente de América Latina. Emigró a los Estados Unidos de América y ha dedicado parte de su vida a los estudios de los derechos civiles, que justamente les corresponden a las grandes minorías de esta sociedad.